"科学·人文·未来"论坛实录

王蒙　管华诗◎总主编

命运与共

主　　编｜田　辉

副 主 编｜刘　健　吉晓莉

文稿整理｜赵　真　路　越　申国菊　孙志德

中国海洋大学出版社

·青岛·

图书在版编目（CIP）数据

命运与共 / 田辉主编. — 青岛：中国海洋大学出版社, 2021.6

（"科学·人文·未来"论坛实录）

ISBN 978-7-5670-2776-3

Ⅰ.①命… Ⅱ.①田… Ⅲ.①社会科学－文集 Ⅳ.①C53

中国版本图书馆CIP数据核字(2021)第033531号

出版发行　中国海洋大学出版社

社　　　址　青岛市香港东路23号　　邮政编码　266071

出 版 人　杨立敏

网　　　址　http://pub.ouc.edu.cn

电子邮箱　361787896@qq.com

订购电话　0532-82032573（传真）

责任编辑　张　华　　　　　　　电　话　0532-85902342

照　　排　青岛光合时代文化传媒有限公司

印　　制　青岛国彩印刷股份有限公司

版　　次　2021年6月第1版

印　　次　2021年6月第1次印刷

成品尺寸　166 mm × 240 mm

印　　张　9.5

印　　数　1-1000

字　　数　128千

定　　价　38.00元

中国海洋大学党委书记田辉（左一）与"人民艺术家"王蒙先生（右一）

命运与共

田辉书记（右一）与管华诗院士（左一）亲切交谈

田辉书记（左一）与参会嘉宾

中国海洋大学校长于志刚与参会嘉宾

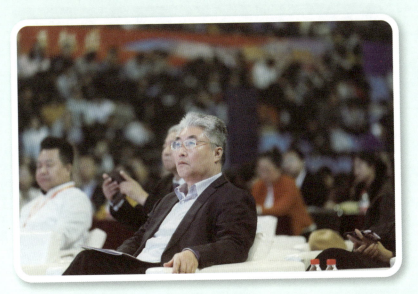

于志刚校长出席论坛

命运与共

"人民艺术家"王蒙先生主持论坛开幕式

田辉书记致欢迎词

中国工程院院士管华诗致开幕词

复旦大学教授葛剑雄发表演讲《文化自信与文明互鉴》

命运与共

中国科学院院士张国伟发表演讲《自然、人、社会》

中国海洋大学文学与新闻传播学院教授修斌代中国科学院院士秦伯益

发表演讲《从"和而不同"到人类命运共同体》

中国作家协会书记处书记邱华栋发表演讲《文学也应有谦虚朴素的科学精神》

深圳大学党委书记刘洪一发表演讲《普惠文明与人类命运共同体》

命运与共

论坛第一单元："文明际会共命运"互动交流

中国作家协会副主席何建明发表演讲《大海在我心底原来如此》

中国工程院院士金翔龙发表演讲《人文科学与自然科学的关系》

中国海洋大学文学与新闻传播学院教授朱自强发表演讲

《建构人类命运共同体的现实性》

《地球》杂志执行总编辑兼主编张泓发表演讲《点燃新时代的"蓝色希望"》

中国科学院院士吴立新发表演讲《助力构建人类海洋命运共同体》

论坛第二单元："蓝色梦想同发展"互动交流

中国作家协会党组成员、副主席阎晶明发表演讲《文学的未来》

命运与共

北京大学原校长林建华发表演讲《四十而不惑》

中国海洋大学海洋发展研究院院长、特聘教授庞中英发表演讲

《"百年未有的大变局"和人类命运共同体》

中国作家协会创作研究部主任何向阳发表演讲《相互馈赠的想象力》

中国海洋大学党委宣传部部长、新闻发言人陈鷟发表演讲
《一脉江河万古来——中国思想文化的流脉及其生命力》

命运与共

论坛第三单元："希望之光向未来"互动交流

论坛在中国海洋大学崂山校区体育馆举行

合影留念

序

科学和人文是人类认知、构建世界的两大重要基石。科学和人文相辅相成、相互融合，才能更好地认识世界、发展未来。"科学·人文·未来"论坛为科学前沿与人文领域对话、理性思考与人文精神碰撞搭建了坚实的平台。论坛由王蒙先生和管华诗先生创办迄今，吸引了众多专家学者齐聚中国海洋大学（以下简称"中国海大"），畅所欲言，碰撞出崭新的思想火花，为人类的可持续发展探索新路。

论坛创立15年，成功举办了四届。2004年10月，在中国海大建校80周年校庆之际，首届"科学·人文·未来"论坛隆重举行，在国内高校首开科学与人文对话的先河，奏响了一曲"高山流水"；2011年10月，第二届论坛又以"关注海洋，面向世界"为主题，续写了"勇者乐海"的篇章；2014年10月，值中国海大90周年校庆之际，第三届论坛以"教育实现梦想"的主题雕琢"梦想之舟"；2019年10月，为向新中国成立70周年献礼，第四届论坛群英荟萃，共话"构建人类命运共同体"。论坛现已成为我国科学界与文学界两大领域的高峰论坛，是我国高校品牌性活动之一。筚路蓝缕，岁月不居，行色匆匆中，15年弹指过去。这15年是中国海洋大学自然

命运与共

科学学科与人文社会科学学科融合发展的15年，是中国海大重振人文辉煌、凝练大学精神、创新办学理念、推进跨越式发展的15年，也是中国海大助推海洋强国战略、引领国家海洋教育事业繁荣进步的15年。15年初心不改，15年砥砺前行，中国海大人披荆斩棘，长风破浪。

2019年10月，恰逢中国海大建校95周年，王蒙、管华诗、葛剑雄、张国伟、邱华栋、刘洪一、何建明、金翔龙、朱自强、张泓、吴立新、阎晶明、林建华、庞中英、何向阳、陈鹭等国内著名科学家、文学家、艺术家和人文学者云集中国海大，共襄盛举，就"构建人类命运共同体"这一话题展开智慧的碰撞和思想的交融，成就了第四届"科学·人文·未来"论坛。本届论坛的举办具有很强的历史意义和现实意义。当今世界正处在大发展大变革大调整时期，和平与发展仍然是时代主题，同时世界也存在诸多不稳定性和不确定性。正基于此，习近平总书记着眼于世界各国相互联系、全球命运休戚与共的发展大势，顺应和平、发展、合作、共赢的时代潮流，强调和倡导"坚持和平发展道路，推动构建人类命运共同体"，致力于为促进世界和平与发展、解决人类社会共同面临的问题贡献中国智慧和中国方案，本届论坛就在这样的时代背景下应运而生。这也体现了中国海大的责任与担当，展现了中国海大为新时代科学与文化的发展贡献的独特智慧。

本届论坛分为"文明际会共命运""蓝色梦想同发展""希望之光向未来"三个单元，与会专家仁者见仁、智者见智，从科学与文学的关系、文化自信与文明互鉴谈到人类命运共同体；从海洋文学、海洋科技和蓝色希望谈到构建人类海洋命运共同体；从文学的未来、教育的未来、科技的未来谈到百年未有的大变局和人类命运共同体。专家们以世界眼光、民族大义、担当情怀给我们厘清了思路，指明了方向，也规划了任务，压实了责任。为使专家们的睿智思想、广博学识呈现给更多的读者，引发更多人对构建人类命运共同体过程中科学与人文的相互作用的思索，特将专家讲稿以论坛实录的形式结集出版，以飨读者。

海纳百川，取则行远！越是兼容并蓄、广开言路，就越会绵延不绝、生生不息！构筑科学与人文共同发展的合力，是"科学·人文·未来"论坛存在并不断向前发展的重要意义，必将陪伴和引导着中国海大在特色发展、内涵发展、高质量发展的道路上阔步向前，激励和鼓舞广大师生弘毅笃行，树人立新，谋海济国！

最后，要特别感谢拨冗莅临本届论坛的诸位专家，尤其感谢他们慷慨地将演讲的真知灼见以文字的形式与各位分享！

是为序。

中国海洋大学党委书记　田辉

2020年7月

目录
Contents

命运与
共

第四届"科学·人文·未来"
论坛开幕式主持词

王 蒙 （2019年10月19日）

各位专家，各位来宾，老师们，同学们：

　　大家早上好！今天我们举行第四届"科学·人文·未来"论坛，论坛的主题是"构建人类命运共同体"。论坛自2004年10月创立以来，到如今已经走过了15个年头。论坛的影响力在不断地拓展和加深。今年正值新中国成立70周年，也恰逢中国海洋大学建校95周年，我们要以"构建人类命运共同体"为主题举办第四届论坛。这对于回望新中国70年辉煌的文化发展，对于共同展望人类的美好明天，都有十分重要的意义！

　　首先请允许我介绍一下出席开幕式的与会专家，他们是：

　　中国工程院院士、现代海洋药物研究的开拓者与奠基人　管华诗先生

　　中国工程院院士、我国海底科学的奠基人　金翔龙先生

　　中国科学院院士、西北大学教授　张国伟先生

　　北京大学原校长、第十三届全国人大常委会委员、第十三届全国人大

外事委员会副主任委员 林建华先生

中国科学院院士、中国海洋大学副校长、青岛海洋科学与技术试点国家实验室主任 吴立新先生

中央文史研究馆馆员、第十二届全国政协委员会常务委员、复旦大学资深教授 葛剑雄先生

中国作家协会副主席 何建明先生

中国海洋大学教授 朱自强先生

《地球》杂志执行总编辑兼主编 张泓先生

深圳大学党委书记 刘洪一先生

中国作家协会党组成员、副主席 阎晶明先生

中国海洋大学海洋发展研究院院长、特聘教授 庞中英先生

中国作家协会创作研究部主任 何向阳女士

中国作家协会书记处书记 邱华栋先生

中国海洋大学党委宣传部部长、教授、新闻发言人 陈鷟先生

参加今天论坛的还有教育部直属高校"不忘初心、牢记使命"主题教育第五巡回指导组成员,他们是:

第五巡回指导组组长 杜向民先生

第五巡回指导组成员 苏建玲女士

第五巡回指导组成员 钟文勇先生

参加今天开幕式的学校领导和嘉宾有:

中国海洋大学党委书记 田辉先生

校长 于志刚先生

党委副书记　张静女士

校长助理　吴强明先生

参加开幕式的还有来自青岛市相关机关单位、驻青涉海单位、新闻媒体的各位朋友以及中国海洋大学的老师和同学们。让我们以热烈的掌声欢迎大家的到来！

我宣布，论坛正式开幕！第一项，请中国海洋大学党委书记田辉代表学校致欢迎词。

命运与共

第四届"科学·人文·未来"
论坛开幕式欢迎词

田 辉 （2019年10月19日）

尊敬的王蒙先生、管华诗院士，尊敬的各位专家、各位老师，亲爱的同学们：

金秋灿灿，星空朗朗。在全国人民欢庆新中国70华诞、全体中国海大人喜迎建校95周年之际，美丽的海大园迎来众位科学和人文大家，共襄第四届"科学·人文·未来"论坛，共话构建人类命运共同体，这是中国海大的一件盛事。我代表中国海洋大学全体师生对各位嘉宾的莅临表示衷心的感谢和热烈的欢迎。

2004年10月，在中国海洋大学建校80周年之际，第一届"科学·人文·未来"论坛隆重举行，群贤毕至，共谱"高山流水"，开国内高校科学与人文对话之先，在学界内外引起了巨大反响。不经意间，15年过去了。15年来，中国海大积极实施文化引领战略，有力推动人文复兴。15年来，中国海大文理交叉深度推进，自然科学学科与人文社会科学学科不断融合，协调发展。15年来，中国海大完成高水平特色大学建设任务，以崭新的姿态迈向世界一流大学建设的新征程，以历史担当，引领海洋高等教育事业持续前进。15年，三届论坛，各位专家对"科学·人文·未来"的真知灼见，陪伴和引导着中国海大在特色发展、内涵发展、高质量发展的道路上阔步前进，激励和鼓舞着中国海大师生修身晋德、弘毅笃行，极大地促进了中国海大的文化建设和事业发展。

以习近平同志为核心的党中央，汲取中华优秀传统文化智慧，秉持共产党人伟大情怀，洞察世界大势，把握时代脉搏，着眼战略全局，提出构建人类命运共同体的恢宏理念，为促进世界和平发展和全球治理，贡献了东方方案，体现了中国共产党为人民进步事业而奋斗的庄严承诺。

今年4月23日，习近平主席在青岛会见应邀出席中国海军成立70周年多国海军活动的外方代表团团长时，进一步提出构建"海洋命运共同体"的理念，丰富了构建人类命运共同体理念的内涵。

科学是物质文明进步的强大动力，人文精神是精神世界发展的内在驱动，科学与人文构成了现代文明进步的合力，是构建人类命运共同体应关注的两个重要维度。本届论坛着眼未来发展，以科学、人文两个维度，在大学这一培育未来人才的"殿堂"中共话构建人类命运共同体，具有重要的价值，特别是在倡导协和万邦、和衷共济的儒家思想发源地山东，在为构建海洋命运共同体而奋斗不息的青岛，在以海洋科教为优势的中国海大畅谈这一话题，更是具有特别的意义。

我相信在各位专家的对话中一定会迸发新智慧，产生新思想，凝聚新共识，为构建人类命运共同体做出新的贡献。

预祝本届论坛圆满成功！祝福各位专家身体健康，生活幸福！谢谢大家！

命运与共

第四届"科学·人文·未来"
论坛开幕词

管华诗 （2019年10月19日）

尊敬的王先生、各位嘉宾，亲爱的老师们、同学们：

大家好！今天，我们在这里举办第四届"科学·人文·未来"论坛，隆重庆祝新中国成立70周年，隆重庆祝中国海洋大学95华诞！

"科学·人文·未来"论坛于2004年10月创立于中国海洋大学。论坛自发起后，分别于2004年、2011年、2014年成功过举办三届，三届主题分别为"科学·人文·未来""关注海洋，面向世界""教育实现梦想"。前三届论坛的成功举办得益于多方的共同支持，得益于王蒙先生的精心培育，得益于各位与会专家的积极参与，得益于媒体朋友们的鼎力帮助，也得益于中国海洋大学校方的悉心安排。正是因为得到了大家的厚爱，论坛才得以不断发展、不断提升，成为我国科学界和人文界两大领域的高峰论坛和我国高校的品牌性活动之一，在促进科学、人文领域的沟通交融，推动学科发展与高校建设等方面发挥了重要的积极作用。

当今世界正处在大发展大变革大调整时期，和平与发展仍然是时代主题，同时世界也存在诸多不稳定性、不确定性。在这样的大背景下，习近平总书记着眼于世界各国相互联系、全球命运休戚与共的发展大势，顺应和平、发展、合作、共赢的时代潮流，在党的十九大报告中强调，"坚持和平发展道路，推动构建人类命运共同体"，为促进世界和平与发展、解决人类社会共同面临的问题贡献了中国智慧和中国方案。

在此背景下，第四届"科学·人文·未来"论坛将以"构建人类命运共同体"为主题展开探讨。本届论坛我们邀请了多位科技领域、人文社会科学领域的专家学者，他们将立足于自身研究成果，发挥专业优势，联系当今世界局势与国家未来发展方向，针对人类命运共同体的构建问题提出自己的思考。相信，这次科学界与人文界的专家对话，一定会异彩纷呈。期待能与各位在讨论中碰撞出思想与智慧的火花，为构建人类命运共同体提供建设性的建议与新的思考路径。在接下来的一天时间里，让我们共同享受这场丰盛的思想盛宴，一起聆听各位专家学者对构建人类命运共同体这一问题的探讨。

最后，再次真诚地感谢王蒙先生和各位嘉宾的到来，你们的精彩演讲与独到见解，必将再次谱写科学和人文和谐融通的华丽篇章！

预祝本届"科学·人文·未来"论坛圆满成功！谢谢大家！

文化自信与文明互鉴

葛剑雄

命运与共

葛|剑|雄|简|介

　　葛剑雄，复旦大学资深教授，中国历史地理研究所博士生导师，教育部社会科学委员会历史学部委员，中央文史研究馆馆员，十二届全国政协委员会常务委员，从事历史地理、中国史、人口史、移民史、文化史、环境史等方面的研究。

各位，我想讲一讲我对文化自信和文明互鉴的一点看法。

我们讲文化自信，首先必须明白这里的文化其实是指文明。文化跟文明有什么区别呢？

文化是指某一个具体的类型、某一个具体的事物，而文明呢，是指总体。

我们讲中国文明、中华文明，就是指我们中华民族在以往的历史时期所创造出来的全部物质和精神财富的总和，特别是指它的精神部分。所以文化自信不是对我们每种具体的文化，都认为它拥有先进的地位或者处于领先的地位，而是对我们文明的整体要有一种自信。这种自信源于我们对我们本身文明发展的过程，对它产生的原因，对它未来的前景的一种高度的自信。那理由呢？是因为它本身的客观的存在。

马克思主义的历史唯物论告诉我们，现在世界存在的各种文明特别集中，主要的文明都是某一个群体在一个特定的时间、空间环境里面，经过长期的努力奋斗，最后才能够存在下来的。

拿我们中华文明来说，现在的科学研究、现在的人文方面的探索，已经证明了我们的确存在着五千年的文明史，而且实际上它的文明的源头还不止五千年，我们国家在最近颁布的《中华文明探源》中已经讲得非常明白。我们长期的研究，无论科学方面的还是人文方面的，都能证明这些。

所以我们对文明的自信，源于这种文明是我们的祖先几千年来创造出来的，它最适合我们这一块土地，最适合我们这些人口，对这种文明当然应该自信。

但另一方面，我们也看到中华文明在发展的过程中，总是不断地吸收其他文明的精华，从物质上、精神上，都不断地受到外来的、对我们有利的文化的影响。中华文明探源工程已经证明，我国的小麦、黄牛、绵羊、马、青铜器都是外来的。如青铜器，世界公认是出现在两河流域，比我们中国的青铜器早得多。现在科学家把中国发现的青铜器标在地图上，最早

命运与共

的一件是在新疆西部，然后随着时间向东部推进。又如小麦，最早什么时候出现，这是有确实根据的。这是不是动摇了我们对自己文明的信念呢？恰恰相反，这些事实都说明，我们的祖先是善于吸收外来相对先进的事物的，并且在这个过程中，不断地改善，最后成为本土的重要的资源，并且为我们自己精神文明的提升提供新的物质基础。比如说青铜器，在两河流域，它主要是用来制作工具、武器，但是到了中国呢，主要是用来制造象征着秩序、观念、等级的礼器，而且通过在上面铸造铭文来记载重大的历史事件。

我们对自己的文明有自信，另一个原因就是中华文明善于不断地自我更新，并且善意地用自己的文化去影响甚至征服其他文化。所以在历史上曾经发生过外来民族依靠军事手段的入侵，一度成为中国这块土地上的统治者。结果毫无例外，军事上的征服者成为文化上的被征服者，他们绝大多数最后融合在中华民族的大家庭中，这当然应该增强我们的自信。

我们对文明的自信的另一个理由，是我们始终是用一种开放的心态来对待其他文明。特别是经过改革开放，我们已经能够以一种平等、自主的心态来对待世界其他文明，我们的文化自信是建立在尊重其他文化的基础上的，所以我们的文化自信，绝不是文化自大、文化自闭，更不是我们对自己文化的自娱自乐。正因为如此，习近平主席多次向世界做出的庄严的宣告，代表了我们中华文明开放博大的气概。

习主席再三强调文明互鉴。文明互鉴的意思就是不同的文明，特别是世界上主要的文明应该相互借鉴。互鉴的前提就是我们应该肯定其他文明有值得我们学习的地方，其他文明对这个世界同样做出过或将要做出重大的贡献。

所以，文化自信和文明互鉴是并行不悖、相得益彰的。正因如此，在我们中华文明崛起的过程中，在我们中国国力日益增强的形势下，我们更要警惕，不能把文化自信变成一种文化自闭和文化自大。

应该承认在这方面如果不自觉的话，往往可能会产生这样的误解，甚至延续以往在封闭状态下形成的偏见。比如说到现在我们大多数人还认为，我们中华文明曾经在世界上占有主导地位，产生过很大的影响。比如有些人最近一直在说，我们中国曾经是世界的中心，唐朝的长安曾经是世界的中心，其实这是违背历史事实的。在世界还没形成以前，谈何中心呢？在不同的文明互相缺少必要的联系、缺少基本的了解的情况下，有可能有一个中心吗？我们忽略了我们的文明由于长期处于基本封闭的状态，有一个致命的弱点，那就是我们认为其他文明、其他人，还不具有拥有我们的文明和掌握我们文明、文化的能力。甚至包括我们认为最开放的唐朝，实际上实行的是"开而不放，传而不播"，外国人可以进来，自己则不出去。你查查唐朝历史，有没有什么人去国外呢？唯一的"旅行家"杜环是战争中被阿拉伯人俘虏了，去了阿拉伯、北非，后来又回来了。唐朝有主动传播自己的文化吗？没有！日本人都是主动到唐朝学习的，唐朝人不出去传播。

今天的文明互鉴，一方面要深入、主动了解人家的文明，另一方面要向世界说明中国，讲中国故事，让人家了解我们的文明。如果这两方面我们都重视了，那么才能够实现著名的学者费孝通先生生前提出的一个期待，那就是"各美其美，美人之美，美美与共，天下大同"。

自然、人、社会

张国伟

命运与共

张|国|伟|简|介

　　张国伟，1939年生，西北大学教授，中国科学院院士。长期从事地质科学的教学与研究。先后主持完成30多项国家、国家自然科学基金及省部委重大重点研究项目。出版专著9部，发表论文350余篇。研究成果获国家自然科学二等奖等，获国家及部级奖励10项。

各位专家，同学们：

大家上午好！我报告的题目是"自然、人、社会"。这是一个哲学大命题，但也是当今人类社会普遍关注的现实重大问题，是老问题也是新问题。

关于这一问题，面对当今现实，思考三个问题，也是提出三个问题，供大家思考共同讨论。

三个问题，一是自然、人、社会客观存在属性与其现实关系；二是当今人类社会和自然历史发展现状的关键问题；三是我们的期望与追求。

考虑这三个问题，首先要考虑我们面对的客观现实基础是什么，可以概括为：

我们

是生活在当今的人类，

尚未知过去的起始，

也难于预测未来的归宿，

此皆为"道"所困，

但人类终未停止"追求与认知"的希望：

自然的神秘与道之谜，

人类的诞生与使命，

社会的运行与命运。

求自然和人与社会共生俱荣之理，

争宇宙人类世界光明发展之道。

为此，我们需要探寻四个轨迹：

1. 宇宙世界万物起源

宇宙起源、元素起源、星系和地球起源与过程，生命起源、人类起源与社会历程，未来之宇宙与地球，人类与社会。（认识万物的本质与根源和发展）

自然、人、社会

2.人类演化轨迹

生物猿类—猿人—南方古猿人—能人—智人—真人—现代人。（追寻人类由来与本源属性和与自然的关系）

3.人类认知轨迹

从神创论、地心说、道德经、日心说、牛顿力学、进化论，到量子力学、相对论、宇宙大爆发说、地球观（过去、现在、未来）等（——探索人类理解自然历程和智慧）

4.人类和社会历史轨迹

原始捕食生存时代—农耕时代—工业化电器时代—信息时代—未来智能时代等。（揭示自然和人与社会文明发展之道与理）

探寻轨迹，首先要真正认知人类和国内外世界先贤之说，诸如孔子、老子、柏拉图、亚里士多德、牛顿、康德、爱因斯坦等世界众多文化名人，他们代表人类文明发展、认知世界过程中的先贤先哲关于"自然、人、社会"诸类问题之先知先觉之认知与概括。例如，我们可以从老子的《道德经》及其"道"来探寻思考并给出新解，加以发展、认知世界等。取其精华，面对自然和人类历史及现实，作为基础与起点，再探索前进深化创新，逼近认知与理解客观世界规律，即"道"，回答、破解过去遗留的未解未知的问题和现实与未来的新的问题，获取创造性的新的关于世界的认知，以求知"道"和"理"。

以上应是我们面对客观现实进行思考探索的基础。下面我们来谈谈上面提出的三个问题。

一、自然、人、社会客观存在属性与其现实关系

自然、人、社会是客观存在，是宇宙世界的创造，人类则是宇宙天体地球演化的产物，它们相关但又不同。自然是人与社会的母源与根基，自

有并自行其道。三者共生并存、相依相克、和合俱兴，衰毁则人类先损乃至毁灭。

1.自然

自然是什么？宇宙世界。从无到有，一切客观存在，人类本身就属于自然宇宙世界。

人类至今尚无从理解宇宙的开端，但有思考、推测、猜测、假说。老子曾指出，万物起源于"道"，不知为何！现代宇宙学主流理论认为，宇宙起源于大爆炸，如今已有138.2亿年历史。即宇宙起始于138.2亿年那一刻，天文学称之为奇点，瞬时大爆炸，宇宙顿时诞生，从无到有。随着宇宙无限时空中星际物质的演化，逐渐产生出星系—星系团，恒星、卫星、尘埃等，演化至今。地球为行星，属恒星太阳系，太阳系又归属银河系。据宇宙学研究，银河系已存在将近100亿年，约有恒星4000亿颗。其中，现据观察推算可能又含有巨量的类地球的生命可宜居的行星。太阳系生命会有100亿年，地球测得其起始年龄为45.67亿年，所以可以预测迄今太阳系和地球还将会有50亿年的生命期。

据人类现今所知，宇宙中唯地球有生命和人类，其他星球有无类地球的生命可宜居者，有无生命和人类或类人类的存在，迄今还在探测探寻之中。从迄今研究可知，今日地球上的生命是从39亿年前初始演化而来，而人类则是起源于300万年以前，智人—现代人起始于20万年前！现今有研究认为地球生命演化历经了8个阶段：（1）原核生物出现，39亿~38亿年前；（2）光合作用与阳光利用，34亿~25亿年前；（3）呼吸作用与真核生物出现，25亿~15亿年前；（4）有性繁殖，15亿~10亿年前；（5）多细胞有机体出现，寒武纪大爆发；（6）脊椎动物，5亿~4亿年前；（7）生命登陆，4.75亿~3.6亿年前；（8）恐龙和哺乳动物，2.45亿年前至今。人类起源始于300万年前，至今可谓历经沧桑，但对于宇宙而言则为瞬间，然而生命和人类始终是在与宇宙、地球协同演化中发生、发展的。在地球演化进程中，由于宇宙与地球发生的重大事件或生命宜居性条件的变化波动，曾发生过5次生物大灭绝事件，警示着人类与宇宙和地球关系的波动与奥妙的机理。这表明，人类既不是地球的主人，也不是地球的管理者，更不是至高无上的，而只是地球母亲的后代之一，正如达尔文提出的生物演化的自然选择原理，人类是地球生命演化过程中诞生的有智慧的生物。从地球演化和生命演化来说，人类的诞生是必然也是偶然之极。人类赖以寄生的地球只是广袤宇宙中的一颗小小沙粒，而人类也仅仅是宇宙时空物质沙滩上的一颗小小沙粒。也正如达尔文所说，要谈一种动物比另一种动物高级其实是荒谬的。总之，生命与人类还只是宇宙、地球的尚不完全知其所以然的产物。所以对地球上的人类而言，自然是一切宇宙时、空、物及其运动与效应的总和，也是一切宇宙客观存在，包括生命、人与社会。

自然、宇宙有其自身发生、发展演化的客观规则与机理，即"道"。

对于自然，人类至今尚只知其一而不完全知其二，还多有神秘之谜不解。自然之"道"不以人类意志为转移，而这个"道"则掌握着人与人类社会的存在与发展演变，自然为大，不可抗拒！

迄今为止，人类尚未真正懂得宇宙、地球自然世界，仅一例便可想而知：人类现尚不知占宇宙90%多的暗物质与暗量是何物，所以人类只是不知真面目的宇宙世界中的一个极其微小星际物质上的一群小小质点！因此，从宇宙世界看人与人类社会不就是如此而已吗？！所以，人要认知自然，要有自知之明，应尊重、理解、适应、维护、利用自然，平等友好地对待自然！

但人类是宇宙的伟大存在、自然智慧与力量，要自知又自信，要正确总结、认识、记录人类的伟大创造与社会文明的发展。这里仅以人类科学技术革命的历程（依著名物理学家加来道雄理论）为例。

人类历史进程中已经和将要发生发展的社会科技革命：

第一波浪潮——蒸汽机与机械工业革命；

第二波浪潮——电机、电视、雷达、登月与进入太空；

第三波浪潮——计算机、互联网、GPS、物联网、大数据，信息网络时代；

第四波浪潮——人工智能、高强纳米材料、基因工程、太空梯等，星际移民时代开启（22世纪）；

第五波浪潮——聚变发动机、量子传送、人类连接体工程、激光技术、生物工程等，星际旅行成为常态。

但同时也不要忘记伴随人类所造成的对自然的不可估量的破坏与面临的尚不能完全预测的危机及挑战。

总而言之，人类与社会对宇宙自然世界而言，虽渺小脆弱无比，然而又是伟大智者，能量与潜力无限，智慧光照天地，大有作为，可在宇宙世界规则下，创造新境界，其乐无穷，然则也艰辛无比，因为到头来，人类终还是逃脱不了宇宙大自然的"如来佛手心"，大自然不可抗拒的"道"之威！但也不必悲观，广袤宇宙中，人类在自然规则下可尽情施展智慧！人类已创造了辉煌的文明，展现了伟大智者的光彩与智慧，同时也已暴露了人类对自然不友好、唯我独尊、残酷破坏的恶果，现已受到和将要受到自然的严厉惩罚，是时候记取教训和采取对策了！

2.人与人类社会

（1）人

人类是自然的产物，人类具有生物性和社会性，从诞生至今，得到宇宙自然环境友好的培育、养护和发展，同时也受到严峻洗礼和考验。

如前所述，人类起源于300万年前，长期处于宇宙自然的友好与不太好交替变化的环境中，演化至20万年前，才进入智人—现代人时期。关于人类一源起源于非洲而后逐渐走向全世界，还是多源，至今尚有争议，目前主流认知是前者。人类与社会的演化从"自然人类"将走向"智能人类"，经历了植物采摘、狩猎为食时期，石器时代、青铜时代、铁器时代、

命运与共

农耕时代、工业时代到今天的信息网络时代，而且有人还预测人类将从现代信息时代进入智能时代，走向行星文明、恒星文明乃至宇宙文明。回顾人类历史和社会文明发展，从宇宙自然来说，显然极其短暂；而以青铜器和文字与社会体制建立为标志的真正的文明文化发展，则更为短暂。但人类自直立行走、制造使用工具、智能意识开启，认识自然、适应自然、改造和利用自然乃至破坏自然，一路走来，仍正在有为创造，智能潜力发挥向自觉友好于自然的方向发展。

人与社会的关系历来是人类生存发展、社会运行和治理的根本问题，尤其在现代社会中更为突出。个体人（以下简称"人"）和人群社会（以下简称"社会"），两者密不可分但又明确不同。

人，单体的个人，具有双重性：有意识，有智能，有追求，有作为；求生存，求繁衍，求个性自由，求知，求创造，释放智能，求品味宇宙生存之乐之美，依群而生。人生短暂，但个体人又可大有作为，世代伟人贤智者引领社会，认知创造，威力无比，可雄震人类世界，流芳长存，影响世代；无为之人则无声无息化尸为土；而恶人作恶则遗臭万年。

单个人异常脆弱单薄，脱离家庭、社会人群则无助，必无生存作为之力，无异于飘叶落花朽去也。凡雄者、能者、成者，必入群社会，融于社会，有胆有识，为民而生而为，率众大有作为，此乃个体人之伟大作用。所以，单个人应是社会人，民众中之智者、能者、作为者，必应在人群社会之中生存、发展、作为，此乃人之本源属性，概莫能外。

（2）人与社会

人因生物属性及历史积淀，必群体性生存发展，以血缘家庭、种族、地缘社会和关系组合、生活，形成家庭、部落、民族、社团、党派、国家、世界等多样形式形态，促进人类的整体运动发展。所以社会者，即人之集群组合与运行发展。社会是人之生存形式、依托、基础、舞台和寄托，人应合群为众，为他人、为社会谋幸福、谋发展，个人服务、服从于社会。

社会则应保护个体人，保障和维护其合理的个性、自由、作为，促使个人聪明才智充分发挥，共享人之生存占有权利和安康幸福生活与创造。人与社会和谐发展共荣是人类发展之需求，更是人类和社会发展之追求。

自然和人与社会现实的发展，实际远非如此，而是充满着矛盾与复杂、曲折与反复、理性与伟大、血性与丑恶、黑暗与光明的历程，今天又面临新的历史境遇，面临自然和人与社会可持续发展的严峻挑战，警示和促使我们思考如何面对，争取人类美好的明天！

二、历史发展现状的关键问题思考

追寻自然和人与社会的历史轨迹，面对现实，当今地球和人类的发展凸显了自然和人与社会的关系这一哲学命题和社会现实问题的新挑战。

当今人类社会发展凸显出两大问题：一是地球自然演化导致的全球变化，直接威胁人类社会可持续发展包括人类的生存发展。地球自然演化将何为，人类将如何应对？二是当今人类社会发展面临新的历史发展节点，即人类除要面对自然生存环境的全球变化外，还要面对国际社会格局的激烈冲突和大变局，时代呼吁构建适于人类社会新发展的新体系，以应对人类自身和自然发展的新需求！

1.全人类要直面全球变化，共同应对大自然的变化

生命是自然的产物，在地球的地质演化历史过程中，已发生过5次生物大灭绝事件，地球还会有第六次生物大灭绝事件吗？现实的全球变化意味着什么？人类如何思考与应对？

对于人与自然的关系和自然系统本身属性的非线性、混沌性，全球变化的复杂性、严重性、危害性、突发性与难预测性，人类已经开始警觉，国际社会已开始联合行动，但矛盾重重，行动不一且迟缓。主要原因，一是人类对人与自然关系和全球变化的认知有限，尚难完全应对。二是国际

命运与共

社会情况复杂，国家、地区、政治、经济、社会、文化、利益等复杂因素驱动，人类现还不能系统地统一应对，美国退出巴黎协定就是例证。但是全球变化的严重危害性和应对的紧迫性，必将深刻触及人类、各个国家和地区利益，将会驱动人类联合行动应对。

为应对全球变化，人类和自然要和谐发展，人类要可持续发展，这是时代的呼声、当代人类社会发展的重大需求！人类需要重新认识人与自然的关系、地球系统，适应全球变化，调整与规范人类行为，共同提出并制定全球可持续发展管理战略和对策。

现今面对的全球变化是宇宙和地球演化进程中特定阶段发生的事件，有必然性与偶然性，人类需要从宇宙和地球的整体去认知、探索和研究地球的过去、现在和未来，揭示其客观规律，探寻其"道"；也更需要人类站在自然科学与社会科学两者综合的哲学层次上去思考和分析研究，从本质上理解和认识人与自然的关系、地球系统与全球变化，并从自然发展规律与人类社会发展规律及两者的和谐统一、可持续发展的角度，构思应变策略，探求人和自然的和谐发展，并最终落实于人类实现社会可持续发展。

人类是有物质力量和智慧潜力去认识宇宙世界的，有能力适应和利用自然变化，构建以人和自然和谐发展为基础的更高层次的人类文明。所以我们持乐观态度，但必须付出代价去艰苦探求。

2.人类社会发展理念和运行历史大变局之思考

人类发展的历史长河浪涛翻涌至今，正处于社会发展理念和运行历史大变局时代。人类经历过求生捕食时期、石器时期、奴隶社会时期、农耕社会时期、封建社会时期和宗教主义肆虐的黑暗时代及大瘟疫灾难，欧洲14~17世纪发生了文艺复兴运动，进而在17~18世纪进入工业化时代。

从文艺复兴到工业革命，以欧洲为中心，在冲破宗教黑暗、提倡复兴古典文明的同时，逐渐在社会发展中构建了一整套一切以个人为中心、私人占有制神圣不可侵犯为核心的资本财富运转体系的社会发展理念、价值观和相应的社会组织结构，运行规则和利益价值链与国家关系，并以枪炮开道，占领世界，随之形成了近500年来人类世界以此理念与规则为主导的资本为王的世界历史运行格局！该如何认识与思考这一人类历史过程与现实？

无疑，欧洲从中世纪极其黑暗残酷的宗教社会禁锢中释放出来的生命力，快速创造了近代、现代世界中人类社会的高度工业化与经济财富发展、人类的进步，其历史功勋永载史册，不可磨灭！但个人至上、私人占有为本、以强凌弱的理念，造成世界被广泛殖民化甚至形成了种族主义与霸权主义强权政治等所谓的西方民主自由价值道德观，即现代西方文明意识价值观，造成占世界80%以上的人民与国家被殖民、奴役和掠夺，落后贫穷、受欺压，直到今天，美国还高调地高喊"美国优先"，挑起世界贸易金融战。对此，又该如何看待和思考？

我们从宇宙世界本源、人类历史、现实人世，上下纵横思考，人类社会运行、治理、生存、发展，何以长期要以个人至上为本，何以要以私利财富占有为据！如是，人类发展将永无宁日，将无符合自然、人、社会本源属性的真正和平、公平、公正、自由、民主、平等、和谐、繁荣昌盛、美好快乐的幸福世界。

人类社会发展进步至今天，旧的理念与运行格局应该改变了！

而且事实上，中国的崛起、新兴世界中人们的发展觉醒也表明，人类社会发展的理念和运行格局正在发生改变！虽然还要有一段历史的过程，但时代的潮流、人类发展的需求是不可阻挡的！人类社会必将以社会发展新理念，建立友好和谐、共存俱荣的新的运行规则。

三、追求与期望

追寻宇宙世界的自然之道以及人与社会发展的本源，要直面现实，我们期待自然、人与社会未来的新发展。

命运与共

1.追求

从人、地球到宇宙太空,探索宇宙自然之"道",认知世界本源。

研究地球,揭示其过去、现在的状况及未来发展趋向。从地球的宜居性和地外生命的探寻预知地球与人类未来何去何从。

学习、观察、思考人与社会发展,了解宇宙地球上的人类本源轨迹,做一个积极探求和认知自然、人与社会,明白而不糊涂的有作为的人,做一个有益于自然与社会、祖国与人类的人。

2.期望

人类共同应对全球变化,拿出方案、对策,共同促进构建自然和人类社会和谐共生的世界。

期盼祖国经历史洗礼之后更加强大、昌盛,圆百年国人历史之梦,立于世界民族之林,担当世界大国、强国之任,共建和平、公正、美好新世界。

期盼当今世界应以人类命运共同体之理念,共同创建人类世界共生俱荣、友好共处的发展运行新规则,促进世界和平繁荣和谐发展!最终希望人类未来是天人合一,大同世界。

从"和而不同"到人类命运共同体

秦伯益（代演讲人：修斌）

命运与共

秦|伯|益|简|介

秦伯益，江苏无锡市人，1932年生。毕业于上海第一医学院医疗系，苏联医学副博士，军事医学科学院原院长，少将军衔，药理学教授。中共十二大代表，第七届全国人民代表大会代表，中国工程院首届院士。主编《新药评价概论》，著有《漫说科教》《美兮 九州景》《壮哉 中华魂》等。

尊敬的各位嘉宾、各位领导，老师们、同学们：

大家上午好！下面我代表秦伯益院士宣读他的演讲稿。

从2013年以来，习近平总书记曾在不同场合多次强调过"和而不同"的观点，并提出构建人类命运共同体的理念。

2013年3月19日，在接受金砖国家媒体联合采访时习近平回答说："中国人自古就主张'和而不同'。我们希望，国与国之间、不同文明之间能够平等交流、相互借鉴、共同进步，各国人民都能够共享世界经济和科技发展的成果，各国人民的意愿都能够得到尊重，各国能够齐心协力推动建设持久和平、共同繁荣的和谐世界。"后来习近平在莫斯科国际关系学院发表演讲时，在博鳌论坛作主旨演讲时，在比利时古城布鲁日的欧洲学院演讲时都提出，"中国主张'和而不同'"。在2014年5月15日中国国际友好大会暨中国人民对外友好协会成立60周年纪念活动上，习近平更进一步提出："中华文化崇尚和谐，中国'和'文化源远流长，蕴涵着天人合一的宇宙观、协和万邦的国际观、和而不同的社会观、人心和善的道德观。"多年来，在不同时间，国内国外，面对不同对象，习近平主席经常强调"和而不同"，把它作为中华文化、历史、哲学的民族基因来理解和应用，它反映着中国走和平发展道路、建设中国特色社会主义的思想基础和执政理念。这是中国传统文化的大智慧、大思路。

"和而不同"是中国古代一个重要的哲学观点。早在2700多年前，西周的思想家史伯首先提出了"和实生物，同则不继"的思想。"和实生物"的整体含义是：应重视多种多样事物的存在，它们的功能是可使新事物得以不断衍生。"同则不继"的意思是：相同的事物不利于事物的长期生存，不可能持续发展。它强调世界万事万物都是由不同方面的不同要素构成的统一整体。在这个统一体中，不同方面、不同要素之间存在着相互依存、相互影响、相异相合、相反相成的密切关系。我们都知道，单味难做菜，五味兼备才能做出美味佳肴；独音不成乐，八音合奏才能奏出交响乐曲。

命运与共

作为社会存在的人群，有多方面的不同。如不同民族、不同信仰、不同宗教、不同阶层、不同文化、不同意识形态、不同兴趣爱好、不同教育水平、不同风俗习惯，这都是自然形成的。我们必须直面这些不同的社会元素，协调好各种关系，尊重各自的独立性，又承认社会的协调性，使每个人既有自己的动力，又有整个社会的合力。

自然界和社会各方面的状态永远是多元的，在多元的自然状态中，领导者应该将不同的元素按客观规律组织运行起来，达到和谐、和睦、和合的状态，应该向群众坦诚地正面阐述自己的理想，使群众接受甚至信服这种理想，从而成为大多数人的理想而愿意团结在一起共同奋斗。

要实现"和而不同"，就要学会听取不同的声音和意见，克服唯我独尊的主观唯心态度。要学会尊重别人表达意见的权利，即使别人意见不对，也应该在平等的基础上公开讨论。因而就要提倡人格的独立、思想的自由，就要有海纳百川的胸怀。世界事物的多样性、多元化是客观存在的，任何人都不可能改变这个客观事实。凡是容不得与自己有不同的观点、做不到"和而不同"的人，就不可能有博大而深邃的海一般的宽广情怀。

"和而不同"是中国的哲学智慧。孔子更将这个观念引申到社会生活中说，"君子和而不同，小人同而不和"。"和"指统一、结合、完整，是抽象的、内在的；"不同"指个体的特性，是具体的、外在的。把"不同"的个体按规律有序地组成一个和谐、和睦、和合的统一体，这就是"和"。可见，"和而不同"是文化的宽容和共享，最后达到和谐共荣的有机统一体。

2013年3月23日，习近平主席在俄罗斯莫斯科国际关系学院首次向世界提出构建人类命运共同体的理念，呼吁国际社会树立"你中有我，我中有你"的命运共同体意识。六年多来，这一思想由倡议上升为共识，由理念转化为行动，在国际上发挥了强大的感召力和影响力。这一理念能够指导解决当前国际社会面临的主要全球性议题和深层次问题。这一理念体现了中国人着眼于维护人类长远利益的远见卓识，符合《联合国宪章》的宗旨原则，有利于联合国推动世界各国实现可持续发展的目标。

人类命运共同体理念是对马克思有关共同体思想的创造性继承和发展。马克思曾明确提出并系统阐述过共同体思想，他把作为无产阶级奋斗目标的未来社会命名为"自由人联合体"。人类命运共同体理念强调各国地位的平等性，倡导国际关系民主化，与马克思"自由人联合体"思想的价值追求高度一致。

人类命运共同体理念又植根于中华传统文化，中华传统文化主张"协和万邦""天下大同""和而不同"的"和合"思想。人类命运共同体理念从中汲取思想精髓，认为当代世界虽然存在多样文明、多种文化，但各国之间是一荣俱荣、一损俱损的命运共同体，可以多元共生、和平相处，从而实现优势共享、资源共享、发展共享。（以上引自2019年3月29日《学习时报》周宗敏文）

但凡一种好的理念的提出，都会被很多善良的人所接受，但不可能立即成为广大人民群众的自觉行动，也不可能立即成为各国政府的基本政策。中国自古以来就主张"天下为公""协和万邦"，提倡"和为贵""礼义为先，诚信为上""平等、公正、谦让、友爱""己所不欲，勿施于人"等，但回首古代历史，也不乏贫富冲突、官民矛盾、族群斗殴、杀伐征战，直至农民起义、军阀混战、改朝换代等社会动荡。这些事件，三千年来，史不绝书。这是为什么？

探讨这个问题的本质势必涉及人类与生俱来的人性的善恶。很多社会科学工作者，尤其是政治家，经常有志于改造人性，去恶从善。但做了极大的努力，往往只能收到暂时的效果，而不可能从人性的根本上改恶从善。人懂得要改恶从善，那是长期教育和实践的效果，教育使人明白做善事最终会受到奖励，做坏事最终要受到惩罚。从趋利避害的人性出发，人们逐渐选择了做好事，避免做坏事。

命运与共

这是就个人而言。如以整个国家而言，情况就复杂得多。如中国在春秋时，周王朝在平王东迁洛阳以后地位急剧衰落。周公旦辅佐年幼的成王，为调和上层的争夺和矛盾推行分封制，在较长的一段时期内稳定了周朝的统治，是为春秋时期（公元前770—前476年）。周王朝先后分封了鲁、卫、燕、齐、楚、晋、秦、郑、宋、曹、蔡、陈、吴、越14个较大的国家和许、东虢、北虢、杞、南燕、纪、滕、芮8个较小的国家，还有很多更小的国家。这样的大封诸侯国、共尊周天子的模式，最后形成的结果是周天子形同虚设，列国之间却争权夺利、征战不休，百姓苦不堪言。在当时的学堂里尽管还在吟诵着孔夫子等思想家的"天下大同""协和万邦""和而不同"等警句，但诸侯王们却乐于杀伐、扩充地盘，全然不顾战争已经打得"白骨蔽于野，千里无鸡鸣"。直打得从春秋几十个国家兼并成战国时的七国，最后秦国一家独大，统一了天下。后来孟子对这段历史一言以蔽之曰："春秋无义战"。

秦国统一天下后，建立了中央集权制、郡县制，统一了文字，统一了度量衡，统一了驿道，修筑了长城。同时，统一舆论、焚书坑儒、实行苛政，结果二世而亡。秦国之后，天下大势，分久必合，合久必分。合时是皇权专制，分时是军阀专制。直至近代，两千多年中国一直实行着秦国建立的体制和法制，即"百代都行秦政法"。

世界上更是如此。自古至今，部落之间、民族之间、宗教之间、国家之间、结盟国集团之间，都经常处于紧张状态或战争状态，一直发展到20世纪发生了两次世界大战。历代都不乏思想家、哲学家、教育家大声疾呼人类和平，提醒人们，地球有足够的面积和资源养得起全世界人民。

那么，人类社会的纷争是不是永远也不会停止了？那也不必如此悲观。随着人类几千年历史的演进，人们可以看到究竟对立战争的状态有利于人类社会文明的进步，还是和平建设的状态有利于人类社会文明的进步。这是非常清楚明白的事。战争直接带给人类的从来都是破坏、残杀、死亡等悲惨的结果。战争有正义战争和非正义战争的区别，我们反对非正义战争而支持正义战争的目的正是为了"和而不同"的社会环境，为了建立人类命运共同体的国际态势。

第二次世界大战结束后，建立了联合国组织，宗旨就是要维护世界和平，防止任何国家的侵略行为。但由谁来掌握这个组织，才能保证公平和正义？这又成了一个问题。

我们希望人类能从历史中汲取教训，明白"得道者多助，失道者寡助"的道理。胜利最终是属于广大诚实劳动的人民群众的。侵略者最终是不得人心的，因而必然是要失败的。当代人的神圣使命就是要将建立人类命运共同体的思想基础和组织保证一直坚持下去，共同建筑美好的地球村，使全世界各国人民都能和平幸福地共同生活在同一个命运共同体之中。

最后，祝论坛圆满成功！谢谢大家！

文学也应有谦虚朴素的科学精神

邱华栋

命运与共

邱|华|栋|简|介

邱华栋，1969年生于新疆，祖籍河南。16岁开始发表作品。18岁出版第一部小说集，并被免试破格录取到武汉大学中文系。曾任《中华工商时报》文化版主编、《青年文学》杂志主编、《人民文学》副主编、鲁迅文学院常务副院长，现任中国作家协会书记处书记、主席团委员。在职研究生学历，文学博士，研究员（教授）。著有《夜晚的诺言》《白昼的躁动》等200多篇小说，曾获第十届庄重文文学奖等20余项奖励。

尊敬的论坛主席，王蒙先生、管华诗先生，各位科学家，各位学者，各位作家，各位同学们：

大家上午好！时隔15年，能够再次参加这个论坛，我特别高兴。我今天发言的题目是"文学也应有谦虚朴素的科学精神"。

在历史上，科学和文学一直有着良好的兼容。屈原的《天问》，不仅求政问道，同时也在以朴素的心态探问那个当时还被称为混沌的宇宙。数学家张衡精通天文历法，以科学反对东汉谶纬之风，更重要的是，闳衍巨侈的汉大赋从他述志的《归田赋》起，实现了向清新爽丽、情境相生的抒情小赋的转变。物理学家丁西林创作了大量喜剧，他那些情节单纯的喜剧引发的是"会心的微笑"。竺可桢引用大量中国古典诗歌来阐释他的《物候学》，如引陆游诗："平生诗句领流光，绝爱初冬万瓦霜。枫叶欲残看愈好，梅花未动意先香。"在科学家止步于定律、数据和模型的地方，文学和艺术展开了当仁不让的想象。这说明了我们的文化对于科学和文学的包容性。西方更不必说，他们的自然科学和自然哲学通常是合而为一的。

信息矩阵时代，人类智能的衍生物——机器人小冰高调地涉足了诗歌这一被认为独属于人类的精神领域。当然它的计算早已经实践在其他领域并且大获全胜。每次科技革新带来社会急剧变化后，我们对于科技和文学二者关系的讨论一直不绝于耳。从最早的罗兰·巴特提出"作者之死"，到世纪之交米勒提出"文学终结"，我们这些从事审美和创造的文艺工作者，经常感觉到科学的飞速发展严重冒犯了我们的精神和心灵。这自然可以理解，毕竟我们生于"人是万物之灵"的启蒙主义时代。但我们还没有纠正这个错误的认知，即科技的无理性发展和应用，让我们不断精神退行，丢掉文化的堡垒。实际上，20世纪后，技术加速发展，比如移动边界的扩张、空间速度的巨变和人类触角的自由伸缩，都改变了人的感知结构。将精神形态变化归咎于科学的野蛮和粗暴，无助于解决我们自身面对的问题。这几年我意识到，我们对于科学，尤其是对近代科学的理解实在浅薄，过去

命运与共

一直批判的唯发展论、唯科技论，其实是打错了靶子。科学不是文学艺术不共戴天的死敌，它与人文不是在零和博弈，而是携手同行。是科学和文化一起，使人变成了这个时代的巨人。

因此，我要在科学的视域下，反思现在的文学困境："文学是人学"，但是"人学"又是什么？人的感情就是唯一的尺度吗？文学作为人类精神产品，特殊性到底在哪里？为什么它和社会生活脱钩了呢？文学中还存在公共性吗？尤其在科幻文学已经强势进入主流阅读世界，科幻这个文类已经撑破了我们过去称作类型文学的事物时，我们看到里面生存的各种形态，我们还能说，现在的社会关系就绝对值得维持吗？在这个背景下，我们还强调文学的纤尘不染就是作茧自缚。信息技术的发达首先带来的是文化民主。人类社会的向前发展，本来就应该是破除迷信、破除神秘，邀请更多的人参与和推动的。我们现在说手工技艺最好，所以手造有最高的标价。实际上呢，无论钻木取火还是火柴点火，抑或用电磁微波，它们都有自己的艺术美感。如果你真的觉得火柴"噗"一下便迸发出光热，反证的是，古朴感是在科学背景下才能够被感知的。我们现在推崇匠人精神，恰好这个精神自身就诞生于工业社会。所谓的机械发展和智能动力，从来就在参与着我们人类心灵的塑造。所谓的真善美也不会一成不变，美德是可以像知识那样习得的。

我思故我在。启蒙主义和科技发展帮助人认识了自己。科学告诉我们，它的后发优势如此巨大，它会不断自我进化、自我更新，人类自身的智力和情感甚至是道德伦理水平，也许都会变得落后于它。所以人需要去寻找自己的突破。那么现在科技发展是不是也是一个契机，呼唤一种新的文化变革，以不同于启蒙主义和人文复兴时的范式塑造我们新的文学？

再退一万步说，科学过去一直都以技术和生产为形态而存在。只不过在近代科学确立起来后，它才以肉眼可见的速度发展着、更新着。古代的经史子集分类里，文学只是一个细小的部分，到现代传播环境确立后17世纪末的西欧，受印刷技术和图书行业发展、市民阅读空间的形成、"人"的发现和"自我"的发明、教研一体的学术制度建立等因素影响，文学才得以独立。因此，文学，必然要经历几轮被多种形态取代从而获得新生的过程。

1990年2月14日，当旅行者1号探测器在64亿千米外调转相机时，我们得到了一张从此家喻户晓的地球照。卡尔·萨根在《暗淡蓝点》（*The Pale Blue Dot*）中如此描述它：当你看它，会看到一丁小点。那就是家园，就是我们。我们物种历史上的所有欢乐和痛苦，千万种言之凿凿的宗教、意识形态和经济思想，所有涉猎者和采集者，所有英雄和懦夫，所有文明的创造者和毁灭者，所有皇帝和农夫，所有热恋中的年轻人，所有的父母，满怀希望的孩子，发明者和探索者，所有道德导师，所有腐败的政客，所有"超级明星"，所有"最高领袖"，所有圣徒和罪人（包括你爱的人）——都发生在这颗悬浮在太阳光的尘埃上。

在漫长的视野里，人的悲欢极为渺小，只能寄托在这么几行文字上。我并非要把科学树立成新的宗教——科学教，但我想，人类的文明之所以发展是因为科学的精神，文学也必须要习得这种务实的谦虚态度。

我的发言就到这里，谢谢大家！

文学也应有谦虚朴素的科学精神

普惠文明与人类命运共同体

刘洪一

命运与共

刘|洪|一|简|介

　　刘洪一，深圳大学党委书记、校务委员会主任、饶宗颐文化研究院院长，博士、教授，博士生导师，国务院特殊津贴专家，澳大利亚联邦大学荣誉博士，中共中央马克思主义理论研究和建设工程重大课题、国家社科重大课题首席专家。

尊敬的论坛主席、主持人，各位专家，老师们、同学们：

大家上午好！从南方深圳到北方青岛，感受到两种不同的大学文化。我和一起来的同事讲，今天会场上有几千名中国海洋大学的同学，都在认真地听、认真地记，论坛邀请的专家前面讲得非常棒，中国海大的同学也非常棒！

我今天想和大家讨论的是"普惠文明与人类命运共同体"。这个话题很大，今天想谈三个方面的问题。人类命运共同体已经谈了几年了，从人类命运共同体的命题本身来说，它的学理性、重要性都是不言而喻的。怎样从文明史和整体文明观的角度来认识人类命运共同体是人类文明的一个必然进程，并进一步探讨和明晰人类命运共同体的走向以及怎么走，需要我们共同探讨。

我想重点谈谈最近思考的三个概念：一是文明通鉴，二是普惠文明，三是思想通约。

第一，关于文明通鉴。这两年有一本比较流行的简约版历史书就是日本学者宫崎正胜写的《人类文明史》，它把人类文明分为六大文明转折，我们当前正处于文明的延伸——信息革命的转折点。刚才张国伟院士的演讲，也提到了这方面的问题。

为什么提出文明转折的问题？

我们今天的文明，在给人类带来巨大帮助、巨大实惠的同时，文明自身也出现了一些"文明病"的症状，表现在超级智能隐忧、基因技术隐患、生态资源危机、地缘政治与单边主义、文明割裂、思想隔绝、逻辑变异、秩序丧失、物奴现象以及人性的退化、心智的弱化等方面。特别是人工智能，发展非常迅猛，前些年还出现了基因编辑婴儿事件。这一类的问题值得我们认真思考。

大约100年前捷克作家恰佩克写了《罗素姆的万能机器人》，他最早提出了机器人的概念，以文学科幻的虚构表现了科技可能给人类带来的灾难

命运与共

和问题。类似的作品还有赫胥黎的《美丽新世界》、奥威尔的《1984》、扎米亚京的《我们》等，这些作品被称为反乌托邦文学，在以科幻和文学的方式，对人类命运和世界发展做出整体性的思考。

对于世界和人类的整体性思考，中外思想史上源远流长。中国古代最有代表性的哲学理念当以道家之"道"、儒家之"仁"为代表。《道德经》有云："有物混成，先天地生。寂兮寥兮，独立而不改，周行而不殆。可以为天下母，吾不知其名。字之曰道，强为之名曰大。"《道德经》把"道"和"大道"作为万物之肇始"天下母"，并以"人法地，地法天，天法道，道法自然"之逻辑，演绎了"天人合一"的思想。与道家学说多关注天地自然及其与人的形而上关系有所不同，儒家思想更多关注人自身以及人与人的关系，以"仁"为核心，仁、义、礼、智、信、恕、忠、孝、悌等系列思想理念，都深刻地包含了"仁爱""和合""天下一家"的思想内核，《论语·颜渊》所言"己所不欲，勿施于人"成为中国人倡导的道德底线；孟子"老吾老，以及人之老；幼吾幼，以及人之幼"（《孟子·梁惠王上》）的思想，给出了人与人相处的理想方式；《礼记·礼运》所谓"大道之行也，天下为公"，蕴含了对道、儒思想的融合要求，不仅建构出家国天下的整体性思维图式，更是试图揭示人类社会应有的普遍规则。

在希伯来犹太–基督教传统中，《创世记》的第一句话是"起初，上帝创造天地"。这里要强调的是，《圣经》的原文是用"巴拉"（Bara）这个词来表述"创造"的，这个词不是一般的天地创造，而是包括了人类和人类灵性的创造，用我们今天的话讲，不仅包括了硬件的创造，也包括了软件系统的创造。犹太–基督教思想体系具有突出的神学特点，故其对世界和人类的整体性思考是建立在它的一神论思想之上的。希腊哲学从一开始就表现出对世界整体性思考的浓厚兴趣，特别表现在它对世界本原问题的关注，例如泰勒斯（Thales）认为水是万物本原，赫拉克利特（Heraclitus）认为火是万物的本原，德谟克利特（Demokritos）则从物质结构的角度提出万物的本原是原子和虚空，毕达哥拉斯（Pythagoras）把万物的本原归为数，认为数的数量与形状决定了一切自然物体的构成和形式。无论是泰勒斯的水、赫拉克利特的火，还是毕达哥拉斯的数、德谟克利特的原子——或以具象的物质，或以抽象的概念，都体现了古希腊哲学家在认知世界本原问题上的整一性特征和整体性思维。

在今天这样一个时代背景下，对人类前途和世界走向做出整体性的思考，是必要和必须的。习主席近年多次强调人类命运共同体的理念，有重要意义，得到了世界对这一理念的公认。当然，作为一种整体性思维，人类命运共同体的理念并不是无源之水、无根之木。这个源头活水包括马克思的"自由人联合体"思想，包括中华优秀文化传统中的"道""和合""大同"思想，也包括世界各地的优秀文化要素。

面对文明的巨大转折、文明病可能给人类带来灾难的情势，我提出"文明通鉴"的概念，应该把不同文明，把全人类文明的优秀要素集合起来，因为没有一种文明——哪怕再优秀——能够解决全人类文明的问题。文明通鉴是人类命运共同体的内在要求和实现方式，文明之病需要文明之药，文明之药只能从文明通鉴中淬炼提取。《周易·系辞传》说，"往来不穷谓之通"，故"通"不是一般简单的比较；鉴，即盛水器，盛水以为镜。文明通鉴是指以文明整体观为认知框架，对不同的文明体系、文明阶段、文明形态和文明思想等要素进行贯通参照，求同存异，集合优质要素，从而构建一种普惠文明的新体系。

文明通鉴一是要有文明整体观，要对不同文明要素实现全方位的贯通和镜鉴，这些要素包括不同文明体系、不同文明阶段、不同文明形态、不同文明的价值；二是要采用科际整合的方法论，要突破学科边界，我们这些年来学科划分得太细了，应该看到学科的边界是流动的；三是要有求同存异的通鉴策略，充分尊重不同文明的差异化传统；四是要有集合优质要素的实现路径，以文化互化、文化采借、文化融合等方式，集合融会异质

普惠文明与人类命运共同体

命运与共

文明的优质要素；五是要有构建普惠文明的通鉴目标，这也是文明通鉴的根本要求。

第二，关于普惠文明。普惠文明（Universally beneficial civilization）理想是指在尊重文明差异化的前提下，努力消融不同文明间的精神藩篱和相互抵牾，寻求最大"文明公约数"，构建全人类共通共享共惠的文明新体系，这也是人类命运共同体的基本路向和目标。

普惠文明概念的认知基础是世界的差异化。对于世界差异化的本质属性，东西方哲学有不同的表述，希腊哲学家毕达哥拉斯说，"万物的本原是一。从一产出二……从完满的一与不定的二中产出各种数目"，从数的角度解说从本原的一到变化的二、再到多样化的必然逻辑。希腊哲学还试图从水（Water）、火（Fire）、气（Air）、土（Earth）的"四根说"来归纳世界构成的多样化原理。中国古代哲学则试图用金、木、水、火、土的"五行说"来解释世界从一到多的构成逻辑。我这两年出了一本《两界书》，提出了万物以界为本的"界本论"思想，界即界分、差异，认为差异是世界的本质，差异化是世界的本质属性，没有界分和差异（阴阳、天地、男女、善恶等）就没有世界万物——包括族群和文化，世界之所以存在并有生命力，界分和差异是其根本理据和不竭动力。

19世纪中叶创立的巴哈伊教（Bahai）在做一种尝试，即试图融合犹太教、基督教、伊斯兰教、佛教、印度教、道教、锡克教、耆那教、巴哈伊教，宣扬"上帝唯一""宗教同源""人类一体"等思想，教徒分布比较广泛，现在在北京、上海、天津等地也有一些中国的教徒，它试图以一种新宗教涵括其他多种宗教，力图构建新的世界文明，但实际上并未超越宗教范畴而上升为整体的文明思想体系，理论上、实践上的局限都是显而易见的。

普惠文明的理想是在尊重文明差异化的前提下，建构一种兼容并蓄、贯通世界、普惠全人类的文明新体系，它要求：一是充分尊重文明差异化传统，以平等的心态看待不同文明；二是消融异质文明间的精神藩篱和相互抵牾，使之成为互通互联、开放共生的文明生态圈；三是以吸纳、采借、融合为方式，集合异质文明间的优质要素；四是寻求最大"文明公约数"，即寻求不同文明间的共通性文化因素和文化普遍性；五是构建全人类共通共享共惠的文明体系。特别要有开放的文化心态，改变文化的惯性制约和盲目模仿，处理好文化传统和现代化转型问题，特别要警惕非此即彼的对立思维。

第三，关于思想通约。思想通约是构建普惠文明的关键路径。目前世界70多亿人口，信仰的各类宗教规模比较大的有几十个，也有十几亿的无神论者。世界最大的差异是人的差异，人的最大差异是思想的差异。如果人在思想上完全隔绝，你说你的、我说我的，便会形成鸡对鸭讲的局面。没有思想的沟通、思想的通约，普惠文明的共同体怎么能建立起来呢？

回顾人类文明史上的重要观念和思想方法，我归纳成六种有代表性的思想方式，简而言之可概括为道观、约观、仁观、法观、空观、异观六大观念，这六大观念和思想方法在人类思想史、精神史和文明的演进中发挥了巨大的、无以替代和相互补充的重要作用。

一是"道"的观念，即道观。在认知宇宙万物的本体原理、根本规律和至上规则上，不同的思想体系都追求一种"道"的思想，"道"代表了贯通世界、至高无上的律则与权威。《道德经》认为"道"与"大道"不仅是万物之肇始，且是万物之主宰："大道泛兮，其可左右。万物恃之而生，而不辞，功成不名有。"（34章）中国文化坚守"道"的至高无上、道的统纳意义，并从"天道"延伸和融通到"人道"，还强调"道"与"技"（术、艺）的层分，道是形而上理念，技、艺、术等是形而下具象和行为，故"志于道，据于德，依于人，游于艺"（《论语·述而》）成为中国人的人生指南和理想范式。希腊哲学的核心概念是"逻各司"（Logos），认为它是世间万物变化的微妙尺度和内在准则，柏拉图强调的"理念"，实质内涵与"逻各

普惠文明与人类命运共同体

命运与共

司"有相通之处。犹太—基督教文化以上帝的言辞（Words）为"道"，这显然是神学性的，但它的普遍性、规则性和权威性在它的思想体系内又是明确和绝对的。无论何种思想体系，道观显示的普遍逻辑是："道"为世界至上规则、最高秩序，道统天下，无所不在。

二是"约"的观点，即约观。在建构人类的精神与社会秩序上，不同文明以不同方式呈现了"约"的观念，"约"作为人类文明的一种本质性标识，不仅使人类区别于一般动物群体，也使得人类社会处于较为有序的状态。实质上人类社会中的一切关系都是"约"（契约）的关系，包括夫妻、同事、上下级，包括群体之间、族群之间、国家之间的整体关系，都是以特定的"约"联结在一起的，世界出现的混乱和无序都是由于"约"的缺失和失效。犹太–基督教思想中的"约"有广泛影响，《希伯来圣经》对近中东地区很早出现的贸易上的"契约"观念进行了宗教性转化，创设了上帝与人之间的订约。在美索不达米亚的《汉谟拉比法典》中，不仅形成了契约法，而且在缔结盟约、物品买卖、人力雇佣乃至婚姻等方面，都形成了详细的契约内容。在中国、印度、波斯、伊斯兰等文化中，"约"或"信约"的思想各具特点，既有物物交换的贸易之约、早期的部族之约，也有演进中的人神之约、集团之约、国家之约、国际公约以及社会伦理、道德、乡俗、民约、个人信誉等方面的"通约"，像《论语·颜渊》所言"民无信不立"，已成为中国文化的核心价值。

三是"仁"的观念，即仁观。在道德标准和伦理价值上，人类文明共同彰显出"仁爱"和"善"方面的价值追求，并以此规范人性、调适人际关系、引导人的正向发展。儒家思想在此方面有重要贡献，中国文化格外重视"人"自身和"人与他人"的关系，在仁、义、礼、智、信所谓"五常"之中，"仁"是最重要、最有统领意义的，"五常仁为首"。西方的仁爱（Benevolence，仁慈）思想自然有其宗教内涵，但也不能排除它的世俗价值。人类不同的文明体系都对"仁""爱""善"表现出共通性的道德追求，虽然逻辑起点、内涵指向不尽相同，但有共通的伦理价值。

四是"法"的观念，即法观。强调法理，强调世界的理性原则，强调人类社会的法制逻辑秩序，强调人类认知世界时以理性、逻辑、秩序为特点的思维方式和思想方法，是一种法制论、理性论。美索不达米亚的《乌尔纳木法典》被认为是迄今发现的人类最早的成文法典，它的法律文明影响了古代近东地区以及古希腊罗马的法律文明。希伯来律法也与两河文明有联系，但又自成一体，它以上帝为主导、以神学为依托、以摩西律法为核心，包括神学、道德、世俗生活各方面。希腊哲学关于"正义"和"秩序"的思想与希腊法的思想有重要关联，并为希腊法的思想奠定了坚实基础。柏拉图说过，"一个国家的法律若居于次要和软弱地位，它离覆亡的日子也就不远了"（《理想国》）。古埃及的习惯法、成文法，印度的《摩奴法典》等，也都以其特定的方式呈现了法的理念与形制。中国古代法的思想很丰富，春秋战国时期形成了以管仲、李悝、吴起、商鞅、慎到、申不害等为代表的刑名之学、法家学派，经韩非的总结综合（《韩非子》），形成了一整套的法律理论方法，并与中国文化的其他核心理念结合，形成了兼容性的重要理念"德""礼""刑""治"等。从本质上讲，法的思想代表了人类对世界和社会秩序的理性追求，体现了人类的理性精神和理性价值。

五是"空"的观念，即空观。"空"的概念源自佛学，与色空、轮回、因缘、顿悟等一系列思想密切相关，在佛学思想体系中表现最集中，内涵很复杂。作为对人与世界之关系、物我之关系等问题的一种认知，实质上包含着对个体与世界、有与无、得与失、现象与本体、生命价值、生命意识等基本问题的认知，其理念和思想方式在儒释道哲学及其他思想体系中，均有一些相似、相通的表现。佛教认为，万物皆有缘起，因缘所生，缘起性空；空是本体本质，色是现象虚妄；世上本无一物，因缘而生，自会因缘而灭，"菩提本无树，明镜亦非台；本来无一物，何处惹尘埃？"（《坛经》）儒释道的"舍得观"是一种关于"得失"的人生观和世界观，佛教以

命运与共

舍为得，得即是舍，舍即是得；道教中的"舍"有"无为"之意，"得"含"有为"之意；孔子罕言利，儒家强调舍恶以得仁，舍欲以得圣。中国文化还倡导"舍利成义""计利当计天下利"。在两河文明、犹太-基督教文化中（如《约伯记》），对物我关系、人与世界、生命价值等问题，也有一些与中国老庄哲学、汉化佛学、禅宗学说相通相似的认知取向或认知方式。《两界书》中的"空先"对"生而为何""何为人"等根本问题均有系统阐述，并概曰：以空为有，无有不在，无在何生世界？

六是"异"的观念，即异观。强调无常、神秘主义、不可知论，是一种特殊的认识论。在自然界和人类社会中，相较于人们通常习惯和熟悉的事物，始终会存有一种"逆通则""逆惯例"的异类现象出现，表现出形形色色的变异（Variation）。甲骨文当中，"异"是一个戴着面具、手舞足蹈的人，暗喻一个与常不同的人，或人的变异。"异"从本质上标识了人和世界的多样性、差异性、不定性、无常性和神秘性。人类思想史存有众多的差异性、非正统的"他者"（the other）视角和理论——诸如神秘主义、不可知论、怀疑论以及形形色色的非理性主义认知等，这不仅应对了世界存有的非常态、变异性、未定性，也弥补了人类既有的逻辑思维和理性意识的局限，补充了人类在宇宙世界威力之下的认知需求和情感需求。《易经》中关于"易""化""自化""道化"的思想，《庄子》中关于"吊诡驱异"的述论，以及《山海经》《淮南子》《搜神记》《世说新语》《太平广记》《聊斋志异》等大量典籍，都以不同形式表现出对"异"的关注；两河文明、埃及文明、希腊文明、印度文明等关于神、怪、鬼、魔、巫的演义，体现了"异"在不同文明中占有的特殊地位；希伯来文化把异象的概念运用到极致，其神学思想的建构离不开对异象的操作；佛教关于无常（Anitya）的思想以及各种神秘主义、不可知论等，包括印度的瑜伽文化，都以特定的形式蕴含了"异"的元素和思想。

道观、约观、仁观、法观、空观、异观是人类文明史上有代表性和影响力的几种思想认知，当然，人类精神史和思想史的丰富内容在此难以尽述。就道观、约观、仁观、法观、空观、异观的主要特征而言，道观执着于对宇宙万物的本体原理和根本规律的追究；约观执着于人类精神与社会秩序的建立；仁观旨在规范人性、提升人性修养和调适人际伦理；法观强调人类和社会的法理逻辑秩序；空观以感悟、顿悟的方式达致对个体与世界、有与无、本体与现象等生命意识问题的认知；异观以灵悟、神秘主义、不可知论、形形色色非理性主义等，体现对世界和人类"不寻常"部分和未知领域的认知关注。道、约、仁、法、空、异六观之间，既有显著的差异性也有一定的相通性，从人类思想史的整体来看，不同观念的差异性正是其互补性所在，这也正是思想通约的根本要求和价值所在。正像《礼记》所说，"万物并育而不相害，道并行而不悖"。

在百年未遇之世界大变局面前，文明通鉴是当前文明处于十字路口的必然选择；推动构建全人类共通共享共惠的普惠文明新体系，是人类命运共同体的目标路向；融汇全人类的思想智慧、努力达致人类文明的思想通约，是构建普惠文明的关键路径和关键所在。

我们今天正处于一个巨大的不确定的文明发展阶段。

我在《两界书》中提出"天风"的概念："天风缘自天上，发于地下，起于四周，成东西南北上下六方合风。"天风即六合之风，寓含了不同文明的通鉴和思想的通约。

这里，我特别推荐历史学家汤恩比先生的一个观点，他认为人类的出路在于中国和东方文明，儒家人文主义价值观符合新时代人类社会整合发展的需求，道家为人类提供了节制性、合理性发展观的哲学基础，东方宗教和哲学强调人与自然的和谐，等等。这是一位西方学者在看东方思想，值得关注。

东西方智慧应该互补。儒家的仁爱与修齐，道家的阴阳与自然，佛家的色空与轮回，希伯来的悖逆与信约，古希腊的理性与法意，以及世界的

恒在与无常，等等，各种重要的思想智慧融会贯通，才能集合人类智慧，才能应对人类面临的根本性的复杂问题。

萧伯纳说过，我给你一个苹果，你给我一个苹果，每个人还是一个苹果；我给你一种思想，你给我一种思想，每个人都有了两种思想。我们今天的论坛，就是这样一种思想的碰撞和交流，相信对我们推进文化发展、民族进步，对大学生的成长，都是非常有益的。

感谢论坛给我们提供这样的机会。谢谢！

大海在我心底原来如此

何建明

何|建|明|简|介

何建明，著名作家。现任中国作家协会副主席，中华文学基金会理事长，中国报告文学学会会长，茅盾文学院院长，全国劳动模范，中宣部"四个一批人才"，中国新闻出版领军人物，博士生导师。曾三次获得鲁迅文学奖，五次获得中宣部"五个一工程奖"。代表作有：《大桥》《浦东史诗》《山神》《国家》《南京大屠杀全纪实》《忠诚与背叛》《国家行动》《落泪是金》《中国高考报告》等。十余部作品被改编成影视作品，是电影《战狼2》的原著作者。

首先要感谢中国海洋大学给了我这个学习和交流机会。

我是第一次到中国海洋大学来。今天站在这个"科学·人文·未来"的对话讲坛，让我想起了30年前我第一次采访钱学森的情景……

那天见面，钱老就说"我今天给你讲什么呢"，我说"您讲什么都行"。他说："那我就给你讲'零'。"零？零有什么可讲的？我当时心头想。只见钱老在我的面前画了一个十字架，然后他把"零"放在十字的中间。噢，我明白了：他讲的是一个坐标，"零"在其中间。于是他说："在我们科学人的心目中，'零'是一切万物的开端，它丰富多彩，具有无限的畅想空间。"我当时听得目瞪口呆，原来"零"在我心目中是什么都没有，可在科学家那里有如此丰富多彩的内容和含义呀！于是我就又问他："大师，您这个脑子有没有想不出问题的时候？"他笑了，说："怎么会没有呢！"我又问："那您有什么办法来化解这些难题呢？"他随手拿起桌子上的一本小人书，说："你看看，我想不出问题的时候，就翻翻你们作家写的小人书什么的，看完后我觉得脑子很轻松，然后再去想那些复杂的问题，就会浮想联翩，充满了感觉。如果在家里我就请夫人给我弹一首钢琴曲……"钱学森大师其实那天给我讲的是科学与人文的关系，令我启发很大。

我自己写过几本跟海洋相关的书。去年写了港珠澳大桥，书名叫"大桥"。去年上半年写了《浦东史诗》。2012年写了《国家》一书，是关于我们国家在利比亚撤侨的故事，后来有人将它拍成了《战狼2》电影。那年我到希腊克里特岛去采访，克里特岛是欧洲文明、希腊文明的发源地。希腊神话诞生在那里。我到那个地方去参观，突然发现有一个地方很小，不到我们这个开会场地的一半。那是个有关古人类史的博物馆。在那个博物馆里，有一个很小的玻璃柜，里边放了一样东西让我非常吃惊，上面是欧洲文明最早的文字。这些文字竟然跟中国的古文字非常像，比如说太阳的文字，它也是一个圆，中间加一点；月亮的文字，也是弯弯的样子。当时我站在那里待了20分钟，思考一个问题：为什么最早的人类文字都差不多是象形体的，东方如此，西方也是如此？可为什么后来欧洲人他们的英文是线条形的，我们中文则是发展成方块形的？这让我陷入了深深的思考。没有人回答我这个问题。我想了想，突然明白了：欧洲的人类文明是从希腊开始的，而希腊人只是从另外一个地方渡海过来的——地中海那边的叙利亚和埃及过来的。当地人现在仍在说他们的祖先是乘着船越过了地中海才到了希腊。之后，希腊人和欧洲人都是以比较相同的方式在不断前进……他们的前方是大海，他们一代又一代人不断向大海前进！他们的脚步在前进，文字也在跟着不断前进，原来的象形字慢慢变成了今天的线条形。是不是这样呢？我不知道，也没有人告诉我，但我相信可能是这样的。

与西方文明不同，东方人看到大海后有敬畏心理，我们的祖先十分惧怕大海，于是不断地往后退……他们把家园用各种墙壁和院子来固定下来，来防止外来侵入。所以最终形成了我们东方文明是一个框的形态。我们的家园是大四合院、小四合院，中间还有一道道门。因此我思考，人类文明跟海洋如此紧密，以什么样的形式在行为，我们的文字和文明也会变成一种行为的形态。文字是如此，意识是如此，行为方式也是如此。当时我在希腊访问的时候，我有了这么一个思考。

去年，在上海写《浦东史诗》时我也有许多奇思妙想：上海是海滨城市，"上海"这个名字到底是谁起的？今天上海来的葛剑雄教授是大历史学家，这个问题我估计他也回答不出来。当时我在上海找了这么多资料，没有结果。上海有几万专家和浩瀚的史书，但是没有一个人、没有一本书告诉我"上海"这两个字怎么来的。他们唯一告诉我的是，书上说，苏州河有两条支流，一条叫"上海浦"，北边的叫"下海浦"，所以"上海"是这么来的。于是我问"上海浦""下海浦"是谁起的名？就再没有人回答我。最后我在想，应该是我的爷爷的爷爷的爷爷……起的名字吧！因为我是苏州人，我知道原来上海那片土地就是古苏州的地盘。我的祖辈、我的祖先当初看到大海，他们是敬畏的、是好奇的，又有些害怕，于是他们不断想办法靠近那片海。我们老家吴语方言中有一个词叫"上"，大家不停地想上"海"那个地方去看看，慢慢就成了"上海"，它跟今天我老家人说"上街""上灶"都是一个行动的字眼……"上海"就是这么出来的，叫成了一个地名。我的这种猜测对不对，没有人回答我，但我相信是对的。

马克思说过，人类的任何文明都是人类生活方式和行为所产生的结果。你想，几百年前上海是没有知识分子的，那个小渔滩上怎么可能有知识分子呢？只有在本地生活的人。他们对大海的认识慢慢形成了一个自己对地方的认识，因此便产生了"上海"这个词。我写完《浦东史诗》这本书后，上海的市委书记李强读懂了我解释的"上海"："上海"原来是一个动词。我的老母亲今天说做饭是叫"上灶"。想想，上街的人是不会说"走街"的，所以"上海"就是上"海"的地方。

利比亚大撤离的时候，非常精彩，我们四万人在沙漠，回不来，马上就要打仗了。我们开始实施撤侨的方案，准备从利比亚与埃及交界的那个地方走，那个地方有一个海关，但是没有想到在那个地方，埃及因为承受不了那么多难民，所以把那个海关关掉了。最后我们几万同胞只能选择从利比亚和突尼斯交界的那个地方撤出去，然后再从地中海的海上回国。就这样，我们的同胞从埃及边境转移到利比亚与突尼斯交界的边境，几万人走了两天两夜，到达目的地。但谁也没有想到在利比亚和突尼斯边境上的那个海关非常小，我们的同胞到达那个地方时，已经有数万人在那里，都出不去。为什么？因为大家的护照和钱什么的都被当地"起义"的民兵抢光了。怎么办？真是到了急死人的地步。我们的中央领导、外交部等非常着急。后来通过各种关系打通了利比亚的高层关系，他们给了我们中国人一个机会：只要证明你们是中国人，就可以在"绿色通道"里出关。我们的同胞非常高兴，所以排了队，500人一个方队，浩浩荡荡地走向那个海关的小小出境口。当时利方海关和边防部队给了我们中国人两小时的出关时间。然而就在我们的同胞整齐地走到海关门口时，我们的队伍一下子乱了，

命运与**共**

被无数越南人、日本人、韩国人等东方面孔的人冲乱了，海关立即把海关门口关了，封锁住了！这可怎么办呀？我们在现场的外交官员急死了，再去求利方的海关人员和边防部队，可人家说，已经给你们机会了，是你们自己把队伍弄乱了，现在没有办法了，谁都没有办法了。当时情况万分危急，如此乱哄哄的现场，怎么来证明我们的同胞是中国人呢？谁也想不出高招。突然，我们同胞中有一个工人说，我们唱中国国歌吧！太好了呀！一般的中国老百姓都会唱中国国歌，可日本人、韩国人、越南人他们虽然也能说几句中国话，但他们不会唱中国国歌。我们的几万同胞挺着胸脯、高唱着国歌，浩浩荡荡地顺利出了海关，随后乘着大船回到了祖国……这一幕，非常壮观。这难道不是人文精神吗？

人文精神应该是有温度的，科学家、文学家对它的认识应该是一致的。人文总是带着一定的温度，尤其是今天的年轻人对我们的祖国应该有一种热情、一种浓浓的感情和炽热的爱。这是我想到、我看到的，从大海和大海的故事里体会出的一种认识。

我从小在水边长大，对海特别有感情，也特别喜欢。我来的路上，想了两个问题，想请教一下中国海洋大学的老师和同学们：我们知道有"黄海""红海""黑海"，它们都是在海洋中，为什么中国有一个"青海"则不在大海上，它在高原上、陆地上。我不知道中国海洋大学的老师、学生和今天来的那么多工程院院士们，什么时候能把"青海"也拉到蓝色海洋中去……这是我的想法，很烂漫，很天真。

第二个问题是：北京现在的房价每平方米都达到了15万元左右，像我这样的人拼命地去挣稿费也还买不起。上海的房价有的地方达到了35万元一平方米，听说青岛也有2万元左右，我想能不能发动中国海洋大学的学生、老师，在海洋里边、在大海深处给我们建造别墅和新房子，给我们建造能住得起的地方。这样的话，中国海洋大学的老师、学生，肯定每一个都比马云、王健林要富裕。我的这个想法不知道能不能实现，期待大家给我一个答案。

　　人文和科学的结合，将是更加美妙的神思与飞扬。我们的神思飞扬了起来，未来才更有希望。

人文科学与自然科学的关系

金翔龙

命运与共

金|翔|龙|简|介

　　金翔龙，中国工程院院士，海底科学（海洋地质－地球物理学）专家，我国海底科学的奠基人之一。1997年当选中国工程院院士。2014年受聘为中国海洋大学近海物质输运与环境综合管理院士工作站首席科学家。

大家下午好，我首先祝贺我们中国海洋大学迎来建校95周年。

今天我们举行这个会议，我认为是非常重要的。我是第一次参加这类会，因为我是一直搞自然科学的，对于人文科学是个外行，所以看到这样一个会的要求，当学校给我打电话时，我说我这方面也很闭塞，很多情况都不了解，还是免了吧。最后他们说你还是考虑下题目去说一说。我抓抓头，我说题目想不好，就无题吧。结果说无题不行，怎么也得说一个，我说反正就是人文科学和自然科学，所以就定了这么一个所谓的题目，实际上是不准确的。

今天上午和刚才，都有很精彩的报告，这些大咖们，都对有关方面做了很精辟的分析，提出了非常好的理论和观点，我这儿就算一个即兴讲话吧。请大家不要对我要求太高了，我就那么点水平。

我们自然科学发展到现在，最时髦的是什么呢？信息科学。信息科学原来是从电子科学，还有什么其他一些计算机科学等逐渐融合了很多学科演变而来，非常时髦，所以我经常讲大数据、什么云等，都跟这些有关系。那么信息科学和我们人文科学有什么关系呢？我想讲个故事。

大家知道美国有两个大公司，一个就是GE公司，就是通用电气公司，那是实践科学的，当年爱迪生创办的。还有个贝尔实验室，从理论进行研究的，我要说的这个故事是关于贝尔实验室里边的一个叫维纳的科学家的。大家在做电子科学研究的时候，对谱进行分析的时候，需要进行滤波。从电子器件结构方面要用各种各样的元件组成滤波器，然后对记录的数据进行谱分析和各种算法运算。同理，数字化以后，进行运算，也需要一个数字滤波器。当时研究这个东西，需要设计一种新的滤波器。维纳小的时候在外公家长大的，他外公是个语言学家，从小就对他进行了语言规律的熏陶，他满脑袋都是这方面的知识，后来没想到他选择搞无线电了。在贝尔实验室设计滤波器时，他用语言学的知识设计出来一种新的滤波器，就是著名的维纳滤波器。人文科学和自然科学，它们的思维逻辑都是一致

命运与共

的。现在我们每个人都在玩计算机，有的在编程。编程最早用的是什么？机器语言，0和1，以后就进入汇编语言，稍微丰富一点了，以后再演化，BASIC、FORTRAN、C++等都出来了，大家可以回过头来想想，是不是和我们的语言结构是一样的？

语言的一个字、一个词就是盖楼的砖和瓦，语言的语法就是构建楼房的规则，这样才能构建出宏伟的建筑。语言就是字和词按照一定规则构建起来，把我们的思想表达出来。我们用计算机语言的时候，什么BASIC、FORTRAN等，所有这些都是用类似语言学的基本思维逻辑结构而成的。最早研究电子的时候，是不是也采用与门、非门、或门等元件一个一个构建起来？在计算机编程的时候，也是这样一些算法。好，现在我们大家用得非常痛快，所以这样可以看出来，自然科学要是不吸收人文科学丰富的营养是不可能获得长足发展的。

反过来我们再看看，自然科学对人文、对社会有什么样的贡献？我们是搞海洋的，有两个重大任务：第一个开发海洋资源，维护海洋环境；第二个是维护国家的海洋主权和海洋权益，主权、权益都是有关法律、社会等这样一些问题。大家知道现在大陆架专属经济区这个问题，国际法把整个海洋划为两个单元，一个是管辖海域，一个是国际海域——公海。公海海域，国家是没有管辖权的，是由联合国来管的。沿海各国都拥有一块管辖海域，但是还有很大一部分海域不归自己管，于是动脑筋，希望从国际海域——公海这儿抠一块出来管管，这个叫什么？这就是沿海国家在跑马圈地的外大陆架。这是法律的问题。怎么解决这个问题？自然科学来支撑。我们对海水的深度、大陆坡脚的位置、沉积物的厚度和地壳的性质等进行调查研究，我们将它们定性、定量地归到海洋上来划分外大陆架。联合国有大陆架界限委员会，各个国家都在提出各自的主张。日本曾经提出冲之鸟礁附近海域的划分方案，如果联合国批准日本方案，这块划出来的外大陆架将是日本现有领土的两倍。但是联合国大陆架界限委员会否定了日本方案，因为不科学。科学研究界定，这个海域的地壳与日本的地壳毫无关系。自然科学对维护主权、权益是可以起到作用的。

我们要构建一个非常理想的人类命运共同体的话，必须把人文科学和自然科学紧密结合起来，渗透在一起，然后来支撑这样一个建设。

我再讲一个小事，我最近帮助一家企业设计制造水下的机器人。追逐对象时的异性相吸首先是看颜值，漂不漂亮；然后再考虑智商、拿多少钱等。第一个就是颜值，现在我们请了搞艺术的人来设计，整个的造型怎样最漂亮，我要提高它的颜值。另外颜色定什么？譬如说定黄色，黄色有各种各样的黄色，这个我们不懂，搞艺术的懂，定什么级别的颜色是最佳的，这样我们就会占领市场。我们通过这些工作，一点一滴地把我们的人类命运共同体共同建设好。

谢谢大家！

建构人类命运共同体的现实性

朱自强

朱|自|强|简|介

朱自强，中国海洋大学儿童文学研究所所长，教授，博士生导师，中国儿童文学研究会副会长。主要学术领域为儿童文学、语文教育、儿童教育。出版《朱自强学术文集》（10卷），有个人学术著作十余种。作为首席专家主持教育部重大课题攻关项目"中国儿童文学跨学科拓展研究"。

大家好！我接下来的发言以人性论作为视角，来讨论建构人类命运共同体的现实基础。

我觉得我们这次论坛讨论的建构人类命运共同体，是具有引领时代意义的重大思想，关于人类命运共同体，党的十八大以及习近平总书记都有过重要的论述。我觉得这个问题是一个可以从多种角度来讨论的问题，比如说从社会组织形式这个角度。

在1964年有一位文学教授就是麦克卢汉，他提出一个概念叫"地球村"，引起了很大的争议。现在过去几十年了，我们普通人对"地球村"都有一个实感。电子媒介的发展、互联网的发明和发展，以及在交通工具方面的高科技技术，真的使我们置身的地球变小了。按麦克卢汉的说法是变成了小小的村落，如果地球是一个小小的村落，那么我们要构建共同体，这个就是一个非常现实的事情了。

按照马克思主义的历史唯物主义观点，如果和100年前谭嗣同要延续我们中国儒家理想而写的《大同书》相比，"地球村"的形成使这个人类命运共同体的理念有了现实基础。

接下来主要从人性的维度来讨论建构人类命运共同体所具有的现实基础。某种意义上来说，我们对人类社会发展做的任何设计都需要以人性为基础，就是所谓"言性恶则乞灵于神明，言性善则立于人定"。

说到性善论，大家都知道孟子，他提出了性善论，"恻隐之心，人皆有之；善恶之心，人皆有之；恭敬之心，人皆有之，是非之心，人皆有之"。他提出的良善心性，是仁义礼智。孟子进一步提出"恻隐之心，仁之端也；善恶之心，义之端也；辞让之心，礼之端也；是非之心，智之端也。"这四种心性是处在萌芽端的，有发展出仁义礼智的可能性。

接下来从孟子的形而上的哲学讨论，转向科学阐释的人性观。

说到达尔文，我们通常会想到中国近代思想家严复翻译的《天演论》，不是翻译自达尔文的《物种起源》，而是翻译自赫胥黎的进化论。达尔文

命运与共

实际讨论的是爱，达尔文在探索爱的用法和进化论的含义，因为在书中出现了95次之多。大卫·洛耶对《人类的由来》的统计还显示，"适者生存"只出现了2条，"竞争"也只有9条，而谈到"理性"的力量的有24条，"想象"的力量有24条，"同情"的力量高达61条，"道德"的竟然达到90条。

这是达尔文在讨论爱，这是达尔文在讨论道德观念，可见大卫·洛耶的讨论是属实的。

我这里介绍的是英国的保罗·布鲁姆的婴儿道德实验，他在思考我们人类是否真正拥有先天继承而来的普世道德。我们知道婴儿既不会说话也不会写字，他的想法我们怎么知道？可以知道，因为他有身体的语言。心理学科学家设计了两个方法，一个是伸手够物法，一个是时间注视法。我只给大家介绍一下伸手够物法里的1岁婴儿的道德实验。就是把一个1岁的婴儿请到耶鲁大学的婴幼儿研究中心，在他面前表演布偶戏，一共三个布偶，中间的布偶拿着一个球玩一玩交给右边的布偶，右边的布偶接过来摆弄摆弄，又还给中间的布偶，中间的布偶又把球交给左边的布偶，左边的布偶接过球，站起来跑掉了。表演结束，实验没有结束，把三个布偶都摆在婴儿的面前，三个布偶面前各摆一个玩具，这三个玩具都是相同的，对婴儿说，"你表现很好，给你一个奖励，他们面前的玩具你可以任意拿走一个，作为对你的奖励"。大家猜他会拿起哪个玩具？时间关系，他拿走了左边那个布偶面前的玩具，他心里想的是：你坏，人家的球给你玩，你拿着就跑掉了，不还给人家，你不配有这个礼物，所以我要拿走。拿走还不解气，就一拳把这个布偶打倒了。这个实验证明了，在1岁婴儿那里就有明确的道德观和正义感。当然他也做了实验证明了婴儿身上也有那种恶的想法，但是婴儿是一个人性的乐观主义者，他通过婴儿的研究证明人类天生具有道德本能。但是我们远远超出了婴儿的局限，我们道德意识中另一个关键部分，是人类历史进程和个人发展过程中逐渐产生的。人之所以为人，很大一部分原因就在于，道德不单来源于人类的本能，还来源于我们的同情心、想象力和卓越的理性思考能力。

说到天性战胜自私基因，很多朋友会想到道金斯的书《自私的基因》，从这本书中我读出的是乐观的态度，他构想了觅母即文化基因这一新的复制因子名词并加以论证，从而确认人类社会在文化层面的进化。"我们具备足够的力量去抗拒我们那些与生俱来的自私基因。在必要时，我们也可以抗拒那些灌输到我们头脑里的自私觅母。我们甚至可以讨论如何审慎地培植纯粹的、无私的利他主义——这种利他主义在自然界里是没有立足之地的，在整个世界历史上也是前所未有的。我们是作为基因机器而被建造的，是作为觅母机器而被培养的，但我们具备足够的力量去反对我们的缔造者。在这个世界上，只有我们，我们人类，能够反抗自私的复制因子的暴政。"

我这里介绍的是斯蒂芬·平克和他的《人性中的善良天使——暴力为什么会减少》。"斯蒂芬·平克在书中展示了上百幅图表和地图，佐以大量的数据资料，量化暴力减少的趋势：部落间战事的死亡率比20世纪的战争和大屠杀要高出9倍，中世纪欧洲的凶杀率比今天要高出30倍，奴隶制、残酷刑罚和滥用死刑曾经是人们生活中的常态，但如今被废除了，发达国家之间已经不再发生战争，发展中国家之间的战争死亡人数也只是几十年前的一个零头。强奸、家暴、仇恨犯罪、严重骚扰、虐待儿童、虐待动物——都发生了实质性的减少。"

我们要构建人类命运共同体，我认为就必须要克服薛定谔——量子物理学的开创者之一——所说的"国家利己主义"，他写了《生命是什么》等著作。

他在《生命是什么》里讲："就单个动物而言，利己主义往往是保持和改良种系的美德，然而在任何群体中，利己主义都具有毁灭性的不道德。一种开始形成严密组织的动物，如果不大力限制利己主义，便会灭亡。像蜜蜂、蚂蚁、白蚁这类在种系发生方面有高度严密组织形式的动物，就完全放弃了利己主义。然而，利己主义的下一个阶段，国家利己主义

命运
与
共

（National Egoism），或称国家主义，在它们之中仍很盛行。一只迷路飞进别的蜂巢中的工蜂，会立即被蜇死。"

我刚才介绍的几位科学家与思想家为我们提出了有说服力的思想观。

国家是目前人类的组织形式，在地球村里，一个个"国家"犹如一个个"个人"，如果不放弃"国家利己主义"这一自私的文化基因，不在国家之间选择"互惠利他"的"国家利他主义"，整个地球村就会不断地面临灾难。

人类已经到了必须超越"国家利己主义"的阶段，在这个意义上，建立在"互惠利他"理论基础上的构建人类命运共同体这一理念，具有十分重大的意义。

正如我们在前面所论证的，人性是建构性的，具有自我意识和理性精神的人类，始终在对自身的人性自觉地进行向善的建构，因此，我们有理由对一个更加和谐、美好的"地球村"怀着期待。谢谢大家！

点燃新时代的"蓝色希望"

张 泓

命运与共

张|泓|简|介

张泓，1959年11月出生。曾当"知青"插过队，部队转业后，历任中国地质博物馆办公室主任，国土资源部、自然资源部史志领导小组办公室专职副主任，《地球》杂志执行总编辑兼主编。编著出版过《石破天惊》《霸权的覆灭》《青春岁月军旅情》等书。

尊敬的王蒙先生、管华诗院士，各位专家、学者和老师，亲爱的同学们：

大家好！我第一次来到中国海洋大学，是遵照王蒙先生的指示来学习的。没想到，昨天晚上开了多年未曾失眠的先河。这是为中国海洋大学十年磨一剑、打造的"科学·人文·未来"人文与科学融合和融通的重大工程所欣喜，所兴奋。我深切地感受到这是中国海洋大学在打造科学王国的"新高地"，构建精神世界的"大家园"！对于探讨国家民族和人类未来的建设发展，构建人类命运共同体，价值不可估量，意义重大而深远。因此，感谢王蒙先生，感谢中国海洋大学的老师和同学们，也感谢失眠！

我发言的题目是——点燃新时代的"蓝色希望"。

100年前，美国著名海军理论家马汉在其代表作《海权论》中曾经预言："谁控制了海洋，谁就控制了世界。"这个预言已逐渐变成现实。21世纪是海洋的世纪，建设海洋强国不仅是中国可持续发展的动力源泉，也是中华民族走向海洋文明、实现民族伟大复兴的必由之路。

随着科学的发展，深海大洋对人类生存发展有着越来越重要的作用。首先，全球海洋生态系统与人类生存环境息息相关。海洋约覆盖地球表面面积的71％，它除了调节气候和为人类提供了大量的优良蛋白质以外，还提供了全球一半以上的氧气，也吸收了人类在过去20年内所排放的近30％的二氧化碳，对缓解全球变暖起着关键的作用。其次，海洋是维持世界经济运转的"蓝色大动脉"。随着经济全球化的不断发展，国际交往和贸易往来日益增多，海上交通的地位越来越重要，海运是否畅通，对全球经济的正常运转影响重大。不仅如此，海洋还是经济发展的新"增长点"，纵观世界强国发展，绝大多数强国都是通过海权走向强大的。特别是对中国来说，我国不仅有960万平方千米的国土，而且还有300多万平方千米的蔚蓝海域，这里蕴藏着丰富的水产、石油和稀有金属等资源，还有南海、台湾岛、钓鱼岛等重要海洋战略门户。因此，海洋资源开发、海洋环境安全与中国经济发展和国家安全息息相关。就在前几天，习近平总书记在致2019年中

命运与共

国海洋经济博览会的贺信中指出："海洋对人类社会生存和发展具有重要意义，海洋孕育了生命、联通了世界、促进了发展。海洋是高质量发展战略要地，要加快海洋科技创新步伐，提高海洋资源开发能力，培育壮大海洋战略性新兴产业。要高度重视海洋生态文明建设，加强海洋环境污染防治，保护海洋生物多样性，实现海洋资源有序开发利用，为子孙后代留下一片碧海蓝天。"在海洋占据举足轻重地位的今天，我们要拥有海洋战略思维，实现新时代的"蓝色梦"。

新时代的"蓝色梦"，是"中国梦"的重要组成部分，实现这个梦想需要科技和人文相结合，需要科学家和文学家联袂同行、携手共进。科学和人文从来都是相辅相成、相互促进的。哥德巴赫猜想是世界三大数学猜想之一，而它能够被中国人广泛地认识和了解，是通过著名作家徐迟的那篇《哥德巴赫猜想》。正是这篇优秀作品，以文学的方式向人们呈现了数学家陈景润的科学精神。徐迟报告文学的突出特征和鲜明亮点，就是题材的科技化和内容的科普化。他笔下的人物，如陈景润、李四光、周培源等，都是鼎鼎大名的科学家。由此可见，文学艺术最能够以更易于大众接受的方式来普及科学知识和传递人文精神。

科学家主导理论知识深入和技术开发应用，艺术家则对相应的科学成果进行生动的科普转化，使科学观念深入人心乃至改变人们的生活方式。关于海洋科学的研究也是如此。

随着海洋科学研究、海洋开发的深入，海洋生态环境保护也逐渐走进大众视野。最近，我见到中国科学院院士、海洋物理学家苏纪兰先生，他对中国近海做过数十年的研究，从科学发展的角度分析了目前我国近海生态环境存在的危机。一是大量陆源污染物入海，严重影响了海洋生态环境。如农田过量施肥的流失，再加上大规模畜禽养殖粪便和城市污水的排放，造成海洋水体富营养化，导致赤潮、绿潮、水母危害等频繁暴发，为水产养殖、核电厂等的安全带来危害。海洋水体富营养化还导致我国多处海域底层在夏季缺氧，破坏了其底层海洋生态系统，规模较大的如长江口外、珠江口和渤海的中部等。陆源污染物还包括进入海洋的微塑料颗粒，它们可能需要经过上千、上万年后才能降解。二是过度的海洋开发。这方面主要是围填海、过度捕捞和大规模养殖。围填海破坏了滨海湿地，而滨海湿地提供给人类许多可贵的生态服务功能，例如，滩涂并不是一般认识上的"荒滩"，滩涂上有很多底栖生物，包括贝类等各种软体动物，滩涂的生产力丰富，因此是许多鱼类的育幼场，它也吸引了大批鸟类来摄食。滩涂的高生产力标示其净化海水能力强，是重要的"蓝碳"海域。有些地方发展海洋经济，往往盲目搞港口建设或是围海造地，结果导致滩涂消失，海洋生态环境被破坏。今天我们已认识到海洋面临的危机，而如何解决这些问题，一方面需要我们不断深入海洋研究，另一方面需要将海洋科学观念、海洋环境保护观念牢牢植入人们的思想观念中。我们《地球》杂志自20世纪80年代创刊至今，始终专注于地球科学的科普化和公众化传播，在提升全民科学素质方面持续发力，进入新时代，我们的目标就是要把《地球》杂志打造成为宣传自然资源国情国策、自然资源保护利用和科学文化建设的主阵地，为保护山水林田湖海、保护自然资源、保护地球，推进生态文明建设和建设美丽中国，提供智力支撑与服务保障。

英国有《自然》杂志，美国有《科学》杂志，中国有《地球》杂志。要办好《地球》，离不开科学，离不开人文，更离不开具有创造力的科学家和文学家。在此，要特别感谢王蒙先生对《地球》杂志给予的指导、鼓励与厚望。

习近平总书记指出，科技创新和科学普及是实现创新发展的两翼。这也是"科学·人文·未来"学术论坛开展探讨研究的一种战略思维。《地球》杂志作为科学普及的载体，是实现两翼战略的重要阵地，也与论坛促进科学和人文相互融通的理念无缝契合，希望各位科学家、文学家，特别是在座的诸位专家学者、老师和同学，能够将自己富有深邃思想和真知灼见的论文，体现人文关怀和催人奋进的文学精品力作，在《地球》杂志这个平台上放射出新时代的希望之光。

国家已经发出提高海洋资源开发能力、维护国家海洋权益和建设海洋强国的号召，而人们对海洋的认识还远远不足，还有很多必须做、值得做的事情，需要更多的人投身于海洋这片广阔天地，点燃新时代的"蓝色希望"，在富饶美丽的蓝色国土上，早日实现中华民族的强国梦。

助力构建人类海洋命运共同体

吴立新

命运与共

吴|立|新|简|介

吴立新，中国科学院院士，现任青岛海洋科学与技术试点国家实验室主任，中国海洋大学副校长，全国人大常委会委员，青岛市政协副主席。国家杰出青年基金获得者，教育部"长江学者"特聘教授，国家自然科学基金委创新群体学术带头人，科技部重点领域创新团队带头人。曾获得全国创新争先奖、2018年度国家自然科学二等奖。

听了各位嘉宾的演讲非常受启发。刚才谈到文字的事情，2500年前我们的祖先创建了一个很伟大的文字，我们看这样一个文字，这是"人"字，这是"母"字，这是形为山川河流的"水"字，当把这三个文字组在一起的时候，很奇妙，组成了大海的"海"字。人类生存需要水，水是人类之母，所以今天我们讲海洋是生命的摇篮，我觉得没有哪个民族像我们中华民族对海洋有这么深的认识。

从太空看地球的时候，夜晚是很奇妙的。这些亮光代表了人类的居住地，灯光最亮的地方是离海岸近100千米的范围之内，地球上约40%的人口居住在这些区域，可见海洋对当今人类的生存是何等重要。我们再看一看地球上南来北往的运输线，超过70%的全球贸易通过海上实现，我们国家进出口贸易90%是通过海上实现的。海洋连接了东西，贯穿了南北，习总书记讲构建海洋命运共同体，海洋不是把人类分割开，而是让人类密切联系在一起。

我们今天讲海洋多么重要，但是今天的海洋同样也面临许许多多的挑战。我们看一下全球人口增长的曲线。从20世纪60年代到现在，全球的人口将近翻了一倍，据联合国估计，到2100年，地球人口大概是120亿。陆地的承载力是有限的，这样巨大的人口增长，给我们带来了食物、资源、淡水、环境、交通、旅游等方面的一系列压力，所以人类必须寻求新的发展战略空间，那这个空间肯定是海洋。

我们只有一个地球也只有一个海洋，联合国"海洋科学促进可持续发展十年"（2021-2030）计划里面谈到了很多为了解决人类可持续发展问题我们必须承担的责任。为了更好地支持人类可持续发展，联合国制定了未来十年海洋科学的六个发展方向。我们需要清洁的海洋、健康的海洋、可预测的海洋、安全的海洋、可持续利用的海洋，最后一个是透明海洋。透明海洋是中国科学家提出的科学计划，被纳入了联合国"海洋科学促进可持续发展十年"（2021-2030）计划的六大路线图之一。面对未来全球海洋科技

命运与共

促进可持续发展，中国的科学家应该有自己的思想，应该有中国的方案和贡献。

刚才几位也谈到了海洋对地球的重要性。地球有多大的宜居性，很大程度取决于海洋。海洋吸收了人类排放二氧化碳导致的超过90%的热量盈余，如果没有海洋，粗略估计全球温度会提高8℃~10℃；海洋吸收了人类排放的30%以上的二氧化碳，没有海洋，今天的社会会变成什么样我们很难预计。全球变暖本质上来说就是海洋变暖，这是前段时间在美国召开的全球海洋观测大会上达成的共识。海洋的增温带来一系列的问题，这几年超强风暴、超强台风发生的频率越来越高；我们今天发现海平面在不断上升，尤其是对那些岛国威胁严重，这些都是由于气候变暖、海洋增温以及冰盖融化导致的结果。所以我们今天需要一个可预测的海洋，很不幸，我们对海洋的预报能力非常有限，最大的原因是我们对海洋过程没有很好的认识。所以，我们中国海洋大学的同学们，应该担负起这样的重任。

我们今天讲南北两极，其实离我们并不遥远，不管从地球系统来讲，还是从国家战略来讲，我们未来要开发南北两极的资源，要保护南北两极的环境，要对南北两极正在发生的和未来发生的变化有清晰的认知。但是目前，我们对南北两极海冰未来的变化没有很好的预测能力，非常重要的原因是我们对海冰、大气和海洋的相互作用缺乏认知。

近海的环境压力迫使我们要发展新的养殖途径，所以要发展深蓝渔业，要把渔业往深海推进，要从深海获取优质的蛋白质。全球约四分之一的动物蛋白来自海洋，我们今天对海洋的开发还远远不够，我们海洋科技工作者要肩负起这个责任。

气候变化、环境变化给人类的健康带来深刻影响。我们面对许多疾病要不断寻求新的药物。我们要打造中国的蓝色药库，向海洋要药物。所以当管华诗先生给习总书记汇报的时候，总书记说"打造蓝色药库是我们共同的梦想"。

我们再讲讲能源的问题。人口的增长带来了能源的压力，海洋有丰富的可再生能源，我们需要思考，未来我们怎么寻找新的方法和技术路径来获得海洋巨大的可再生能源，为能源问题提供新的解决方案。

我们再来看健康海洋。我们需要一个清洁的海洋，今天的海洋到底面临哪些问题？有增温、酸化、缺氧、富营养化等方面问题，还包括生物多样性丢失的问题，对海洋生物多样性的认识是海洋生物资源开发最基础的问题。前面学者提到微塑料的问题，从科学层面来讲要弄清楚其来源、路径、降解、归宿、影响并建立监测系统，同时涉及相关政策制定以及治理措施。

为了解决上面一系列的问题，我们中国科学家提出要打造深蓝大脑。我们在人工智能时代、在大数据时代，怎样构建起深蓝大脑？有几个条件，第一，要让海洋变成透明海洋，那就是我们要看得清海洋，说得明白海洋发生了什么，我们才能正确预测。这是我们的深蓝大脑的基础工程。海洋科学在信息时代要拥抱人工智能、大数据、超级计算，才可能在未来的海洋科学、海洋技术、海洋开发方面取得突破。

人类对于海洋的探索永无止境，15、16世纪有郑和、麦哲伦等大航海家，到21世纪有卡梅隆潜入全球最深的马里亚纳海沟海底。我们如何更广、更深、更远地了解海洋？爱因斯坦有一句话，知识是有限的，想象力是无限的，人类的想象力不断推动人类的进步，目前我们对全球海洋的认识不到5％，海洋是充满想象力的地方。未来科学思想重要的原创地之一是海洋，未来最重要的发展空间是海洋，未来最有发展潜力之一的领域也是海洋。习总书记提出要关心海洋、认识海洋、经略海洋。关心海洋需要人文，认识海洋需要科学，经略海洋需要面向未来。希望中国海洋大学"科学·人文·未来"论坛办得越来越好！谢谢！

文学的未来

阎晶明

阎|晶|明|简|介

　　阎晶明，著名作家，现任中国作家协会副主席、党组成员。长期从事鲁迅研究及中国现当代文学研究与评论。出版有《鲁迅还在》《鲁迅与陈西滢》《独白与对话》《我愿小说气势如虹》等著作多种。

各位专家学者，各位同学：

大家好！听了一天，我觉得对我个人来说，确实还是非常有收获的，我相信对我们同学们来说也一样，都是满满的大雨倾盆式的一天，到现在多少有点疲惫了。

我的题目很大，但是我说的内容其实很小。简单谈一点个人的看法。

关于文学的未来，我认为是一个很难说的话题，我的文章里也这样讲。在大约20年前，在中国，人们预测影视艺术的发展，会大大挤占文学的生存空间。文学写作和欣赏不再是生活中的重要方式。随着科技的迅猛发展和网络的普及，加上手机在生活中的无处不在，文学的式微和失败是必然结局，它的衰弱是无可挽回的。20年前，很多人包括从事文学创作的人都是如此感慨文学发展形势。

20年后的今天，在中国，文学已经超出了很多人的想象。文学，包括传统的纸质文学，依然有很大的潜力，在思想上起着非常重要的作用。网络文学异军突起，网络文学拥有广大的受众，网络文学的出现和逐渐发展实现了文学阅读人群的几何式的扩充。在中国，无法统计有多少人在网络上写作并被称为网络作家。如果没有网络的发展，很多人不会走上文学创作道路。发展到今天，手机已经成为人们生活中最重要的陪伴，几乎是须臾不能离开，手机拥有打开生活之门的钥匙，包括文学。在今天的中国，你不能简单判断人低头沉迷手机就是在玩游戏，文学创作也可以在手机上完成。总而言之，现代科技和现代传媒彻底改变了文学的生态，但是不是文学式微，而是使文学插上了科学的翅膀，开始了更有力、更高的飞翔。作家的职业感也许没有之前那么强了，但是创作出有影响力的作品的作家，依然有社会影响力。许多电视剧、电影因为改编自文学作品从而有了很大的影响。在中国，很多人用文学人口的概念分析当今的文学态势，包括传统意义上的作家，网络文学的写作者，文学作家，报纸、出版社的编辑等，我们把文学阅读者也计算在其中，将是非常庞大的数字。有人用全民写作

命运与共

来比喻现在的文学人口之多。我认为全民写作谈不上，由于手机的普及，微博等交流平台的蔓延，手机上愿意进行文学阅读、尝试进行文学写作的人空前增加。一些从前与写作毫无关系的人，慢慢显现出他的才华。

20年前的预测没有成为现实，现实是文学表现出前所未有的强劲生命力，是文学写作的千姿百态和文学阅读的分众化。文学与科学的结合是以前没有想到的。我们也很难真正预测，在将来的现实情形中如何去兑现我们这些想象，就像我们20年前没有准确预测到今天是一样的。

今天的中国文学，特别是中国当代文学中，科学精神和专业知识在文学创作中渐成热点，不是说是谁去号召的，而是大家自觉的选择。我们都知道文学是靠想象力来完成的，传统文学作家想象力无比丰富，夸张的表现手法有悠久的历史。当代中国，特别是改革开放以来，中国经济社会迅猛发展，科学技术日新月异，社会公众的文化素养普遍提高，文学想象力也在发生历史性的变化，科幻文学迅速崛起。它不同于科普写作，科幻文学创作中的想象是基于科学知识并渗透科学精神的想象，是作家努力用科学发展的成果和自己掌握的科学知识对世界以及宇宙的未知领域进行遥想和追问，是对人类命运的诸多问题的思考。读者对科幻文学的热衷，超出了传统文学对文学的认知和想象。现在不能简单地把科幻文学界定为类型文学。

科学精神已经深入作家的内心，成为他们认识世界的出发点，这种科学与文学的结合，正在成为当代文学创作中非常新鲜的现象，所以这个还不光是在科幻文学当中，如果我们网络小说看得多的话，你会看到专业网络小说越来越多。那些所谓的专业网络小说就是类型小说，各种各样的类型，玄幻、穿越，今天是对高深专业的知识的探究，它是小说性的，文学性的表达。所有都与今天讨论的话题密切相关，那就是科学和文学在自觉、不自觉地不断融合。

总之，文学未来无法预测，从当代中国往前看，我们相信文学的前景值得期待，因为人们的生活与科技、与文学正在发生越来越紧密的联系。

　　这是我的一点看法，谢谢大家！

四十而不惑

林建华

命运与共

林|建|华|简|介

　　林建华，1955年生，山东高密人。曾任重庆大学、浙江大学、北京大学校长。现任第十三届全国人大常委会委员，第十三届全国人大外事委员会副主任委员，北京大学未来教育管理研究中心首创主任，北京大学教授。

　　主要研究领域为固体化学，涉及新型无机固体化合物的合成、结构和性质。1995年获国家教委科学技术二等奖，1996年获国家杰出青年基金，2009年获国家级教学成果一等奖。

最近，全国人大常委会在全国范围内开展了高等教育法执法检查，在充分肯定成绩的基础上，指出了我国高等教育9个方面问题。教育牵系千家万户，关乎国家未来，我们教育界的同仁责任重大。

中国的教育的确让人困惑。过去40年，我们的教育飞速发展，成绩斐然，可以说是举世瞩目。但社会公众似乎并不买账，批评、质疑之声不绝于耳；各级政府也不满意，教育并没有很好地支撑国家经济社会发展，许多关键技术和高层次人才仍然依靠国外。当然，社会公众议论比较多的还是基础教育。基础教育与公众的切身利益更加紧密，而且人人都懂，至少略知一二。而处于象牙塔中的高等教育，似乎被一层神秘的面纱笼罩着，外人难明就里，尽管仍有不断的质疑之声，但也很难提出切中要害的批评和建议。

十几年前，钱学森先生的"钱学森之问"拷问大学，为什么培养不出杰出人才？老百姓也并不是沉默无语，既然不好对大学多说什么，就采用更实惠的办法，用脚说话，把孩子送到国外读书了。这些年，越来越多优秀的孩子选择到国外读书，不能不说是对中国大学的一种无声的拷问。人大的这次高等教育法的执法检查，既代表国家，也代表了老百姓，提出的问题是对中国高等教育特别是对大学的又一次拷问。中国现代高等教育已经有100多年的历史，改革开放也已经40年了，"四十而不惑"，我们的高等教育应该已经进入不惑之年了。作为教育工作者，我们应努力面对和化解困扰人们的"教育之惑"。

一　教育必须与时俱进

执法检查报告点出了"教育之惑"的症结：很多学校并没有把人才培养置于中心地位。在很多情况下，当我们说起大学的成就，总会对办学条件、学术水平、大学排名和国际影响力津津乐道。但谈到教育，确实感觉

四十而不惑

命运与共

乏善可陈，常常只能用精品课、教学奖、评估结果等充数搪塞了。说起来也的确让人愧疚，改革开放40多年，中国大学发生了那么大的变化，但我们的教育仍然沿用着几十年前的模式和培养体系，重专业知识、重课堂讲授，轻能力素养和学习实践体验。这在知识相对匮乏、传播渠道单一、就业去向和岗位定位明确的计划经济时代或许是可行的，但在信息高度发达、社会快速变化的今天，面对互联网中成长起来的学生，这种教育模式显然已经不合时宜了。

最近一段时间，我走访了一些学校，听了些课，也与一些教师和学生座谈。很显然，有一些课只是为了考试和考研，老师把知识要点、标准答案都交代得很清楚，只要记住，考试就没问题。难怪一些人戏称这样的大学只是高四、高五而已。有一位通识课的老师告诉我，班上大一学生求知欲很强，提问、互动都非常活跃，但到了高年级，就变得沉闷寡言了。他坦言，教学计划中课程安排太多太碎，学生整日疲于奔波，很难有机会静下来读书和思考问题。我们中的一些人可能已经完全习惯于传统教育模式，痴迷完整的专业知识体系，忘记了教育的初心和使命。实际上，教育是一个非线性过程，并不是我们教多少，学生就一定吸收和消化多少。教育需要静思、需要对话、需要实践，也需要关爱与激励，这样才能真正启迪学生智慧，释放学生的内在潜力。

二　教育需要耐住寂寞

人才培养是大学的核心使命，是学校的立身之本，也是大学之所以存在的根本理由。本科是成长的最重要阶段，我们应该让学生享有独特的学习和成长体验，使他们长知识、懂自己、懂社会、懂世界，变得更加成熟。对于这些，我相信每一个学校的领导和教师都是有共识的。对于本科人才培养，政府也非常重视，投入了大量的精力和物力。教育改革专项、质量工程、增加教学投入以及最近教育部提出的"以本为本"，都体现了政府的意愿和决心。

教育体系的变革和质量提升是很不容易的事，是一个慢活儿，牵涉面很广，即使投入很大精力，也不要期望短期见效。所以，对于教育改革，政府、社会、学校和教师都要有足够的耐心。必须立足长远、多做一些打基础的事情，急功近利地"选苗子""摘桃子"，都是要不得的。比如，教育改革和人才培养都要靠教师，教师如果不用心、不用力，再好的想法、理念也不会真正落地。我们要改变教师评价和学校治理体系，只有建设有效的机制、配合教学文化的深入人心，才能真正激发教师的教学积极性。又比如，任何一种好的教育理念和模式，都不是政府规划出来的，也不是生搬硬套能够见效的。人才培养模式的改革创新要靠学校，只有释放学校的创造潜力，才能办好教育。政府应当把更多精力放在高等教育的区域规划，以及如何利用政策和财务资源，引导学校把精力放在人才培养工作等重大问题上。我们是一个拥有14亿人口的大国，社会公众对高等教育期待是多种多样的，这要求我们的每所大学，都要根据各自的特点，办得特色鲜明、办出百花齐放。学校的人才培养只有适合地方经济社会发展需要，更好地满足公众高质量教育的需求，才能获得更好的社会口碑。

三　释放学生潜力是教育永恒的主题

人类社会正经历一场前所未有的深刻变革，技术进步正在改变着人们的生活、工作和思维方式，也深刻地改变着知识的传播、保存和创造方式。现在的学生不同了，他们知识丰富、个性崛起，但却长期浸润在应试教育和功利主义的环境中。现在的大学不同了，我们已经失去知识传播和知识创造的垄断地位，未来的教育更应当充分利用社会蕴藏着的丰富的创新和教育资源。现在的社会不同了，快速的变化和由此带来的不确定性，要求

新一代人更具自学、思辨和创造的能力，还要有更强的适应和应变能力。现在的世界也不同了，全球化和中国的崛起不可逆转，但人们在地缘政治、全球化及产业分工、知识产权保护、可持续发展等基本问题上的分歧越来越大，反全球化的浪潮正在威胁着刚刚建立起来的全球合作共赢体系。今天发生这些变化，预示着更为复杂和不确定的未来，这对我们教育提出了新的更高要求，教育必须适应时代的变化，必须培养更多能够驾驭和引领未来的人。

无论世界如何变化，启迪智慧、释放学生内在潜力，永远是教育的根本任务和永恒主题，这一点在任何情况下都是不会改变的。我们需要改变的是实现使命和任务的方式。当我们面对不同的学生、变化的社会和世界的时候，我们必须要改变人才培养的模式。

转变教育观念是培养模式改革的基础。知识永远都是非常重要的，但仅会背诵和考试是远远不够的。面对未来的不确定，学生应当更加自主、更加开放、更加自信、更具开拓精神。大学本科阶段是这些素养形成最重要的时期，可能也是最后的机会。因此，在增长知识的同时，我们要训练学生综合运用知识去发现和解决问题的能力。最近，我参与了重庆大学与美国辛辛那提大学合作的COOP教育项目。这是一种学校与企业协同培养的教育模式。在学习期间，学生要用三分之一的时间在企业工作实习。经历了实际工作的磨炼，学生更加成熟了，他们找到了兴趣和未来发展方向，激发出了内在潜力，并对未来充满信心。面向未来，我们的教育不应只局限在象牙塔中，而要打开学科边界、学习边界和学校边界，把学校、社会、企业等各方面的教育资源协同起来，把学习、实践与创造紧密结合起来，拓展学生的视野和经验，给予他们更加非凡的学习和成长体验。

启迪智慧、释放学生的内在潜力，最重要、最核心的是人才培养模式的改革与创新。我们不能再沉湎于单纯向学生灌输知识的教育模式。这种模式最简单也是最省事的，但显然已无法适应未来的需要。最近我们成立未来教育管理中心，重要任务就是收集和整理国内外优秀的人才培养模式案例，为中国大学的人才培养模式和体系建设提供参考和借鉴，为国家和社会公众提供更好的教育，是我们共同的心愿。

"百年未有的大变局"和人类命运共同体

庞中英

命运与共

庞|中|英|简|介

庞中英，国际问题专家。中国海洋大学"繁荣工程"特聘教授，海洋发展研究院（教育部重点研究基地）院长。本科毕业于南开大学经济系，后分别获得英国华威大学政治学硕士和北京大学法学（国际政治专业）博士学位。曾任职于中国国际问题研究院和中国驻印尼大使馆。曾在新西兰惠灵顿维多利亚大学、英国华威大学、美国布鲁金斯学会、德国法兰克福大学、新加坡国立大学东亚研究所、南洋理工大学国际研究院（RSIS）等从事研究工作。

我是中国海洋大学的新教师，是2017年才来校任教的。感谢学校邀请我在本论坛发言，这是我的荣誉。

人类命运共同体是今天论坛的总主题，我的发言也围绕人类命运共同体展开。我的观点是，把"百年未有的大变局"和人类命运共同体两个命题结合起来考虑，人类命运共同体是应对"百年未有之大变局"的中心或者根本方案。

什么是"百年未有之大变局"？目前，国内社会科学界不少重要学者对此发表了看法。来参加论坛前，我对学术界的有关论述做了一些文献收集和文献述评的工作。这里就不展开我收集到的关于"大变局"的文献述评了。但这一梳理工作帮助我了解了其他研究者到底是怎么看待"大变局"的。我同意我们面对着这样的"大变局"，也同意不少人对"大变局"到底包括哪些"变局"的解释。我现在的发言主要是强调如何从我们今天论坛的分析框架，即"科学"（包括技术）与"人文"（包括社会科学）结合的更加宏大、复合的角度思考到底什么是"大变局"，为什么会发生"大变局"，探寻其深层的根源，以及应对"大变局"的根本方案。

"百年未有之大变局"中有一个时间概念，即"百年"。这当然不一定正好是"一百年"，或者"一百多年"或者"几百年"，而是指"长期"。长期到底有多长？"百年"肯定是长期。目前，有关社会科学各门，不管是中国的还是国际的，在展望未来或者进行未来学研究时，"百年"已经是足够长的时期。

人类命运共同体中包括一个关键词，"人类"。这应该指的是"全人类"。人类命运共同体主要是关于星球上全人类的未来的，提出了全人类要形成（中国叫作"建构"）一种"共享繁荣的未来"（Shared future）。我国在对外宣传翻译人类命运共同体时，已经逐步确定用"分享的未来"这个叙事。我的国际交流体会是，"分享的未来"让国际社会更容易理解"命运共同体"。事实上，中国在联合国会议等场合推出了全球治理的中国国家立

命运与共

场——"共商、共建、共享",就把人类命运共同体更加具体化了,使人们易于把握之。

当然,这里必须指出,中国共产党在中共十八大提出"倡导人类命运共同体"(2012),到了中共十九大则是"构建人类命运共同体"(2017)。也就是说,我们还处在"倡导"和"构建"人类命运共同体的阶段。人类命运共同体是世界的目标(方向)、总的原则、总的国际规范,需要制定走向人类命运共同体的路线图,进行具体的实践,用大量的时间,让世界人民团结起来,才能取得大的进展。

今年9月举行的联合国大会是联合国1945年成立以来的第74届。联合国秘书长古特雷斯说联合国现在没有钱了,联合国面对着各种运作困难。美国还有其他少数联合国成员国没有交联合国的会费。联合国改革进展不大,更不要说转型了。但是,许多成员国,都珍视联合国的价值和作用。在秘书长领导下,联合国仍然在推动着宏大的全球治理项目,联合国也越来越深入人心。我们中国许多高校都在"模拟联合国",联合国仍然是全人类的希望所在。

中国现在对联合国的贡献很大,包括对联合国的会费。中国缴纳的数额已经仅次于美国,美国拖欠会费,而中国则是按时缴纳。

中国政府对联合国一直是高度重视的,中国是联合国的创始国。这是中国在国际上拥有的最主要结构性权力。中华人民共和国是联合国的五大常任理事国之一,中国是联合国维和的主要支柱之一。今年中国国庆70周年在天安门举行盛大阅兵仪式,国际上有媒体说这次中国阅兵是展示中国的"肌肉"。这个说法是不公平的,因为这次阅兵也首次展示了我国参与的联合国维和行动的情况,我们看到了天安门广场上的中国维和方队。我曾经长期研究过联合国维和问题,在权威的国际学术刊物发表过关于中国与联合国维和的论文多篇。中国在联合国维和中的作用被联合国认为是不可或缺的。中国在联合国维和行动中具体践行了建立人类命运共同体的主张,即一个崛起的、复兴的世界大国对人类和平的责任和担当。

不过，联合国代表的世界秩序确实面对着各种挑战。具体来说，如同中共十九大报告指出的，"和平与发展"不仅是"时代的主题"，而且是"时代的命题"。

作为"大变局"的表现，我们看到美国和欧洲（欧盟），以及其他一些国家和地区的"内部"变局。正是重新抬头的民粹主义和民族主义把特朗普送进了美国政府，正是民粹主义和民族主义让英国多数选民"公投"决定退出欧盟。在欧美等世界的关键局部，"全球化"正在转变为"去全球化"。当然，中国等国家却支持全球化的继续。中美关系的形势这几年一直是紧张的，主要是美国方面要求重建、重谈与中国的贸易（广义的贸易）关系。中美目前处在实际情况非常复杂的"贸易战"中。两国的经济和技术相互依存局面不会"脱钩"，但是，中美未来的关系与过去40年（1979年建交以来）的情况将不同。全球化的局势（包括中美关系）将变得更加复杂。

关于目前国际秩序或者世界秩序面对的挑战，我在这里就不进一步展开，但想指出的是，如果我们的世界面对的共同挑战不能获得真正意义上的全球治理（国际社会的集体行动），世界的未来将不是有秩序的，而可能将是无序或者大混乱的。

在关键的世界历史时刻，中国执政党和政府提出和推动了人类命运共同体的建设，就是要维护建立在国际规则、国际规范和国际制度基础上的世界秩序。这意味着中国反对谋求国家私利的单边主义、以邻为壑的保护主义以及强权政治。中国是现有世界秩序的维护者，主张对包括联合国在内的国际制度（国际组织）体系进行改革（改革的根本目的是为了让全球的国际组织作为多边体制能够解决全人类面对的共同挑战，而不是让这些国际机构变成某些强国的外交政策工具，成为某些国家在世界上的民族骄傲的标志）。中国倡议新的全球发展计划"一带一路"；发起成立新兴的国际组织，如亚投行（AIIB）；以及在金砖合作（BRICS）等新兴的全球合作中发

挥重要作用，都不是中国在现有世界秩序之外的"另起炉灶"，而是对现有全球治理和世界秩序的贡献和发展。中国政府多次指出，中国"不另起炉灶"，即不寻求建立联合国体系之外的另一种国际秩序。这是严肃的国际声明。

改革开放以来，中国之所以取得了重大的发展成就，就是因为中国参加了联合国和国际经济组织，成为现有世界秩序的一部分。中国的经济、社会、科技、教育、文化等部门的发展，都是密切依靠现有世界秩序的，具体说，国际合作对中国发展是十分重要的。如同邓小平同志在20世纪80年代讲的那样，中国的发展需要一个和平的国际环境。今后的中国是一个"全面对外开放"的中国。中国今后的发展转型或新的发展，要继续依靠有力、有效的联合国体系和其他重大国际合作。中国今后对全人类发展、全人类的未来发挥应有的伟大作用，也要通过全人类普遍参与的国际制度和国际秩序来做出。

"百年未有之大变局"和人类命运共同体之间的关系，是前所未有的大问题。社会科学与自然科学要联合起来，多学科、跨学科地回答这一新的大问题。

谢谢大家！

相互馈赠的想象力

何向阳

命运与共

何|向|阳|简|介

何向阳，诗人，作家，研究员，出版有诗集《青衿》《锦瑟》，散文集《思远道》，长篇散文《自巴颜喀拉》《镜中水未逝》，理论集《立虹为记》《彼黍》，专著《人格论》。作品收入《中国新文学大系》，被译为英文、俄文、韩文、西班牙文。曾获鲁迅文学奖、冯牧文学奖等。

意大利理论物理学家卡洛·罗韦利在他的一部著作的开头回顾了20世纪之初——1905年他的一位伟大同行向《物理学年鉴》投去的3篇论文，第一篇讨论原子的存在，第二篇奠定量子力学的基础，第三篇提出狭义相对论——三篇论文中的任何一篇都能使作者本人获得诺贝尔奖。我在说出论文作者的名字之前，在座诸位已经猜到。是的，爱因斯坦。《爱因斯坦文集》第一卷可以查到包括卡洛提及的4篇论文——1905年3月完成的《关于光的产生和转化的一个猜测性观点》，4月完成的《分子大小的新测定法》，5月完成的《热的分子运动论所要求的静液体中悬浮粒子的运动》，而狭义相对论，是他在6月完成的《论动体的电动力学》中提出的。且不说1905年的3月至6月间爱因斯坦可观的创造力，相比于此后他的研究而言，这些可观的创造力似乎都在为另一个理论的提出做着积淀，是的，10年之后的1915年11月，广义相对论破壳而出。以致同为物理学家的列夫·朗道称其为"最美的理论"。如果用最通俗的话来解释广义相对论，它大约由这样一些句子构成——

引力场不弥漫于空间，它本身就是空间。

空间不再是一种有别于物质的东西，而是构成世界的物质成分之一，一种可以波动、弯曲、变形的实体。

这些看似胡言乱语的思想，在距今整100年前的1919年被一一证实。

世界由于一个科学家的发现而重新变得绚丽夺目。这个世界里有发生爆炸的宇宙、有坍塌成无底深洞的空间、有在某个行星附近放慢了速度的时间，还有如大海般无限延展的星际，它们都和一朵花的开放、一棵树的生长、一声婴儿的啼哭、你我之间愉快的交谈同在一个世界上。当我们出神于这些变幻莫测、惊喜无限的景象时，那变化着的宇宙也同时与我们心中的曼妙图景形成衬托。相由心生，一切已变得全然不同。没有爱因斯坦，我们的文学，可能会是另一个样子，因为我们眼中的世界是另一个样子。当然，爱因斯坦没有改变世界——世界还是它本来的样子，爱因斯坦改变

命运与共

的，是我们看待世界的态度，简而言之，他改变的是我们长久以来对于世界的因循守旧的看法，他改变了我们的世界观。

世界不再是僵化板结的，而是灵动莫测的；世界不再清晰可辨，它呈现给我们的是瑰丽多姿甚至惊世骇俗的"容颜"。这是20世纪的科学所带来的大翻转。这个爱因斯坦式的翻转，重新引爆了文学的想象力。就此意义而言，如果没有20世纪的爱因斯坦，就不可能有21世纪中国的刘慈欣和他的《三体》，也不可能有科幻文学的今天。

当然，科学观念的进步，科幻小说并不是唯一的受益者。苏联电影大师安德烈·塔科夫斯基所拍的电影《安德烈·鲁勃廖夫》中，我们看到了艺术对于空间的无穷性的探索。电影的可见部分是故事开端——一群人绑紧火堆上方的气球而企图飞起来的狂乱，农民飞行家叶菲姆想通过这种原始的办法脱离地面却最终跌落在地。那是一个包括农民都生发着超拔的想象力的年代，重重地摔落在地的这种现实的失败并不能够阻拦艺术家的想象发挥，在电影《镜子》中我们看到了由梦境、照片、诗歌等多种元素共同串起来的对于母亲的回忆，这种将时间之镜通过空间图示翻转的做法，未尝不受到空间就是引力场的启示，而把这种启示发挥到极致的，是塔科夫斯基同样放在今天也极端前卫的电影《索拉里斯》。这部改编自斯坦尼斯拉夫·莱姆的小说之所以对塔科夫斯基构成吸引，并不在于它科幻小说的外识，而在世界的可知性这种深刻的哲学如何用精确的心理构想获得表达的不一般的路径。如他所言，"对我来说，科幻电影、历史电影和当代电影没有什么区别。如果它是由一位艺术家执导的，那么导演关心的问题是当下的，无论情节可能发生在什么时代。最现实主义的情节（总是编造的），总是空想的产物，而一个真正艺术家的思想与观念总是有关时事和潮流的，它们总是现实的，无论这些思想可能采取怎样不可能或超自然的形式。毕竟，真正的现实主义不是复制任何特定的生活环境，而是现象的展开，是它们的心理或哲学性质的展开"。我想，这段话同样适用于物理学，在我看来，物理学的指向性从来不是落地为"物"的，而是物中之理，是在茫茫空间中指向的那个不断变化的永动的现象或规律。由此，我推荐诸位看一看《索拉里斯》，它写了一位宇航员在与世隔绝的巨大无边的空间中的自我迷失与亲情记忆。在塔科夫斯基拍摄它时，1968年的斯坦利·库布里克的《2001：太空漫游》已经发行，库布里克的这部电影今天已然进入电影史与教科书，但是我要说，塔科夫斯基的《索拉里斯》更值得一看，它探索的是人与空间深层心理关系的解读，而不只是提供了人所向往的空间的无垠。未知不在别处，就是此时此地，空间也不在远方，空间就在构成你我信仰、价值、情感的内宇宙里。

对于一颗星星的见解，哲学家齐泽克说："与索拉里斯星的交流……失败不是因为索拉里斯星太陌生，不是因为它是无限超越我们有限能力的智力的预兆，和我们玩一些反常的游戏，游戏的基本原理永远在我们的掌握之外，而是因为它使我们太接近我们自己内在必须保持距离的东西，如果我们想维持我们象征宇宙的一致性。"而针对这一世界本质的发言者，一位叫鲁米的波斯诗人写道：

> 有一颗恒星在形式之外升起。
> 我迷失于那另一个世界。不看
> 两个世界，是甜蜜的，融化于意义之中，
> 就像蜂蜜融化于牛奶之中。(《本质》)

而在他的另一首诗中，有这样的句子写出来：

> 这一刻，这份爱来到我心中休息，
> 许多生命，在一个生命之中。
> 一千捆麦垛，在一颗麦粒之中。

相互馈赠的想象力

命运与共

在针眼里，旋转着漫天的繁星。

诗人鲁米生活于13世纪。距今700年的这些诗句里，难道不包含着20世纪的物理学家的关于宇宙的认识？！

我现在似乎明白了为什么卡洛·罗韦利《时间的秩序》一书中，书的3个部分13个小节的叙述与论证前，这位理论物理学家都首先引用古罗马诗人贺拉斯《颂歌集》中的诗，每章开头的诗之引用，或许在暗示着某种科学与人文之间古老的相通与默契。要知道，贺拉斯谈论时间的时候，鲁米远没有出生；而鲁米谈论星辰的时候，爱因斯坦之于世界的关系也尚未建立。他们之间，大约都相隔有不止700年的光阴，但是，世界就是这么微妙，仿佛冥冥之中，他们相互能够倾听并且听见。或者说，贺拉斯、鲁米、爱因斯坦，当然还有更多的人，他们在宇宙间的链条不仅从未中断，而且还会延绵无尽，繁星之下，你若仔细听的话，你会听到人类所有包含于创造与想象中的窃窃私语与秘密回音。

科学与人文的相互促进，我们能够举出许多例证，比如科学家告诉我们，我们身边的所有物体都由电子、夸克、光子和胶子组成，它们是粒子物理学中所讲的"基本粒子"。那么，"夸克"一词又来源于哪里？它来自科学家默里·盖尔曼，但"夸克"的灵感来源的确是文学——詹姆斯·乔伊斯的小说《芬尼根守灵夜》中的一句人物对话："给马斯特·马克来三夸克！"（"Give three quark to Marste Mark."）又有谁知道这位文学家对于现代物理学的词汇学上的贡献呢？1982年，乔伊斯的百年诞辰，《纽约时报》书评专版文章纪念，把乔伊斯在西方现代文学中的地位与爱因斯坦在物理学中的地位相提并论，认为"现代文学如果没有他，将如同现代物理学没有爱因斯坦一样不可思议"。

我们完全可以大胆假设，在今天成为天体物理学家的人，在几千年前的古代，他极有可能就是中国的老子或庄子。

随着科学的演进，我们越来越知道了人类自己在宇宙中的位置。比起以亿为量度的光年纪事，人类的纪事也只有几千年，而我们每一个个体的生命，据现代医学估算应有150年。在这样一个有限的生命长度中，人类——无论是科学家还是文学家，从来没有停止过对于时间的追问。知道这一点，我们就会明白，史蒂芬·霍金的《时间简史》虽然石破天惊，但并非毫无来源，它也是永动的时间中的思想一环。时间在永动之中，没有终结，物理学中，没有任何物体对应于"现在"这个概念。然而我们的细小而强韧的生命，却是由一个个如粒子般的"现在"构成的。那么，什么是"现在"？它的答案也许不应去物理学的著作中去找，普鲁斯特的《追忆逝水年华》中我以为提供了很不错的答案。"现在"，它在文学中的停顿也是虚妄的，但文学通过语言可以暂时将其锁定，当然，它仍在运动之中，文学中所固化的以小时或者天数计量的时间只是物理意义的，而在这生生不息的时间长河中，哪怕就是"现在"这一瞬间，也包含着过去与未来，包含着人类的不可磨灭的记忆和面向。"现在"不可停留，一切时间中的事物无不如此，在《浮士德》的终章，浮士德博士喊出，"美啊，你停留一下"，换来的是赴地而死。时间的停留就是中止和死亡，时间不可能中止，中止的只能是个体的生命，宇宙的生命仍在持续，或者说个体的生命归入宇宙的生命之中，仍在持续。

时间的非物理性的发现，也不是20世纪的专利。早在公元300年、400年时，写《忏悔录》的奥古斯丁就说过："它在我头脑里，所以我才能测量时间。我千万不能让我的头脑坚信时间是什么客观的东西。当我测量时间的时候，我是在测量当下存在于头脑中的东西。要么这就是时间，要么我就对它一无所知。"的确，时间的延续性有着形而上的一面，正如品尝玛德琳蛋糕的下午，它包含了这美味的蛋糕进入我们唇齿之前的漫长过程，同时也包含了普鲁斯特写下这一片断的那一瞬间到现在——我们阅读时所激起的所有个体的感受的不同。时间如大海的波澜，无休无止。那么，"现

命运与共

在"——"此刻",就变得如此重要,我们的所言所为,无不在未来的面貌中呈现出来。如果我们承认时间的永动性,那么置于今天的我们无疑是手握未来钥匙的人。

哲人曾言:你给我一个苹果,我给你一个苹果,我们每人手中还是一个苹果;而你给我一个思想,我给你一个思想,我们每人所拥有的是两个或大于两个的思想。想象力也是如此。你能断言《海底两万里》与当今海洋科学与地质科学的观测与发展毫无关联吗?你能判定《小王子》中有关另一个星球的故事与爱因斯坦的广义相对论绝对无关吗?你能肯定达利画中的弯曲的时钟真的与物理学中关于"时间"的观念毫无关系吗?你能确认或推断王蒙先生的小说《明年我将衰老》中主人公面对"崆峒"的瞭望与攀登,真的与天体物理学中的"黑洞理论"绝对无关吗?

中国古人讲:洞中方七日,世上已千年。谁来告诉我,这是古人的发现,还是今人对这曾是过往的预言的印证?!

科学和文学都还有巨大的空间,人类目前为止关于宇宙与生命的所有答案都不完全。

而科学与人文的恋歌,之所以能够在人类的历史长河中经久不衰,我想,其深层的原因即在于,科学与人文间的良性互动与无私相赠。而让我们自豪的是,此时此刻,在必将成为历史的未来里,我们正是彼此相敬并相互给予的人。

一脉江河万古来

——中国思想文化的流脉及其生命力

陈　鹜

命运与共

陈|鷟|简|介

　　陈鷟，中国海洋大学党委宣传部部长，教授，新闻发言人。《中国高等教育》杂志特约评论员，中国高等教育学会宣传工作研究分会常务理事。曾在《求是》杂志等多家刊物发表文章。著有《春秋战国及其对后世中国的影响》等。创作的《北京奥运赋》作为主题景观，被刻写在青岛奥运文化雕塑公园正门。创作的《崂山校区记》被刻写在中国海洋大学校园。

大家好，我讲的题目是"一脉江河万古来——中国思想文化的流脉及其生命力"。

"读"天启蒙了中国人的思想。尤其是通过观察太阳和月亮，构建起中国思想文化的一对最原始的基因，那就是"阴"和"阳"。而且最终还形成了一个重要的汉字，那就是上日下月的"易"。

"阴阳对立统一"成为中国人的世界观。"阴阳二分、阴阳流转、阴阳平衡、阴阳和谐"等，成了中国人认识事物和处理问题的方法论。

传说伏羲画了阴阳两爻，又用阴阳两爻组合成八卦，到周文王再把八卦重叠演绎成六十四卦。再经过周代早期的进一步完善，一部神秘的中国古书《易经》就形成了。

《易经》是干什么用的呢？古人用它来卜筮，就是算命。往高级了说，也可以说是用来帮助人决策的。因此，它对中国古人就很重要。可是它太抽象了，它是一部由阴阳两爻组合而成的几幅图画，以及图画中每一爻、每一卦下面跟极少的文字。如乾卦底下只跟了"元亨利贞"四个字。因此《易经》很抽象，仿佛"天书"，一般人读不懂。据说那时候只有圣人读得懂。一般人都看不懂怎么用它呢？

春秋时期出现了老子和孔子这样的大家，他们就来解释《易经》里面的每一爻、每一卦是什么意思，怎么用它来算命。于是就出现了一部儒、道学汇通的书，它叫《易传》。它是"天书"《易经》的文字说明版。从此以后，一般的读书人都读得懂《易经》了。但是老子和孔子更伟大的地方，是他们不仅对《易经》进行了文字说明，而且对它进行了哲学升华，从中读出了哲学思维和哲学理论。老子向着自然主义哲学方向发展，比如他把"元亨利贞"解释为"春夏秋冬"；孔子则向着人类伦理哲学的方向发展，他读出了"礼之用，和为贵"。因此，《易传》不仅是《易经》的文字说明版，更是哲学升级版。它使原来的一部神秘的卜筮之书，升华为一部哲学之书了。所以，《易传》是中国思想在人类文明的"轴心时代"，从蒙昧走

命运与共

向理性、发生飞跃的一个重要的标志。

汉代和汉代以后，历代一流的思想家都在研究、阐释和发展《易经》的学问，实际上常常是在利用阐释《易经》，来应对和解决每一个时代所面临的问题。如汉代的郑玄，魏晋时代的王弼、阮籍，唐代的孔颖达，宋代的朱熹，直到清代的李光地。除了这些一流的学者，历代皇帝、宰相几乎都要研究《易经》，将其作为执政和变法的指导。此外，还有很多文人士大夫阐释《易经》。他们洋洋洒洒留下了约4000本阐释《易经》的书。这些书被汇聚起来，就叫作"易学"，即关于《易经》的学问。

《易经》《易传》和《易学》组合在一起，就是我们今天所说的《周易》。

所以，今天我们要知道，从内容看，《周易》包含了三个部分：天书《易经》、文字说明版加哲学升级版《易传》和关于《易经》的学问"易学"三个部分。从发展历史来看，它贯通了几千年中国历史，是中国传统思想文化的主脉。它是一部几千年来一直活着的、在不断发展着的书。重要的是，它不是一个人完成的，而是由中华民族历代最优秀的人物续写而成的。从伏羲到周文王，到老子、孔子，到郑玄、王弼、阮籍、孔颖达、朱熹、李光地，还有大批皇帝、宰相和文人士大夫。这样的一些人在续写这部书。我们试想，假设说这部书没有智慧，甚至说这部书不代表中华民族的最高智慧，那都是一件不可思议的事情。《周易》是一部活着的书，它在不断吸取和积累着中华民族历代最优秀的人的智慧，反过来，它又为我们民族的发展不断地提供着智慧。

到了春秋战国时期，思想界出现了百家争鸣，看起来很乱。但历史有记载的139家，却有一个共同点，那就是他们论事必曰阴阳，都在用《易经》提供的阴阳哲学这个工具，认识世界、解释世界，构建自己的思想。

最后，百家多数都消亡了，或者说被吸收整合了。最后成功沉淀下来最主要的两家：儒家和道家。这两家显然都继承和发扬了《易经》。儒家更多地继承发扬了《易经》阳刚、积极、入世、有为的一面，它强调社会的秩序和人的德行；道家更多地继承发扬了《易经》阴柔、消极、避世、无为的一面，强调世界的变化和人的智慧。儒道两家又构成了后世中国思想的阴阳互补和阴阳平衡。

两汉之间，佛教传入中国，带来了"世"和"界"这两个宏大的时空观念，就是后来我们所说的"世界"这个词，带来了"众生皆有佛性""人人皆可成佛"的平等观念，"苦集灭道"四谛携带的因果逻辑以及让人脱离苦海的至高"空慧"，让中国人眼界大开，心悦诚服。虽然也有与本土文化的冲突，但后来又主动结合儒、道家思想，发展出"禅宗"，完全地本土化了。从此，儒、释、道三家既相互矛盾，又相互学习和融合，形成了以儒、释、道为核心的中国传统思想文化体系。

20世纪初，马克思主义传入中国，由于其思想的科学性和以全人类解放为己任，而占据了人类真理和道义的制高点，给中国人的思想带来又一次启蒙。也由于其辩证思维、群体立场和社会理想等方面与中国传统文化的相似性，而被中国人接受和认同。并且在中国革命、建设和改革实践中，不断得到发展和中国化。中国思想因此而形成了新的马克思主义传统。

所以今天的中国人，很难简单地说自己是哪一家思想。我们的脑子里既有儒、释、道，也有马克思，而且中国文化开放包容，还在不断地吸收着人类文明的一切优秀成果。中国思想文化就是这样在不断地传承、融汇和创新中发展进步。

依然回到中国传统思想文化。

以儒、释、道为核心的中国传统思想文化，让中国人有了三个精神通道。儒家告诉我们怎么与人和社会相处，那就是仁义礼智信，温良恭俭让，刚健有为，勇于担当；道家告诉我们怎么与自然和自己的身体相处，在辩

命运与共

证和变化中看待危机、荣辱与祸福；佛家告诉我们怎么与自己的心相处，教我们心有慈悲，觉而不迷。传统文化让我们：与人和，与天和，与己和，构成了一个由内而外、360度无死角的精神关怀圈。因此，我们中国人不容易陷入精神的困境而不能自拔。

比如我们有时候事业和生活的压力很大，但只要国家和社会需要，我们立刻就会儒家思想爆棚："士不可不弘毅，任重而道远"，"为天地立心，为生民立命，为往圣继绝学，为万世开太平"，甚至任何困难都成了"天将降大任于斯人也"。

假如有的人人生事业不顺，从办公室离开的时候满腹牢骚。可是走在路上，脑子里的道家思想就来了，告诉他："吃亏是福""祸福相依""三十年河东，三十年河西"。他很快自己就想通了。甚至还想到韬光养晦，等待转机，心态一下就平衡了。

假如有人走到极端了呢？他彻底破产了，一切都没有了。咋办？这时候大慈大悲的佛就来了，告诉他："那一切都是空的，没有必要执着和留念。"于是很多人大失败，大彻悟，大解脱。

因为有三个精神通道，所以中国人的精神极其顽强。中国没有多少牧师，也没有多少心理医生，可是中国人的自杀率在全世界可能都是最低的。为什么？因为我们的心理问题，都是我们自己用儒、释、道三种思想自行解决的。

不仅如此，我们还有两层道德约束，比西方多一层。西方只有一层，那就是通往彼岸的灵魂。西方宗教告诉人们，不行善，将来灵魂就进不了天堂。这个对相信的人管用。但西方也有不信的，他不信，在道德领域就没有办法了。而在中国，也有佛教讲灵魂转世，讲因果报应，有人信，管用。在中国也有人不信，那中国还有一套，就是儒家关注此岸的祖宗和子孙。活着好好表现，光宗耀祖，父母荣耀，将来荫庇子孙；活着不好好表现，辱没祖宗，父母抬不起头来，将来子孙也受人歧视，父债子还。他不信灵魂，也可能信血脉。所以中国思想文化在道德约束方面覆盖了此岸与彼岸，比西方多一层约束。因此，中国人的人生更不容易走偏。

三个精神通道使得我们生命力顽强，两层道德约束使得我们的人生不容易走偏。我们每一个人都是如此，我们整个民族加在一起，就更加顽强和不容易走偏。

因此，我们考察人类文明，只有一个原生文明在本土未曾断裂、一脉相承地走到了现代，那就是中华文明。与中华文明并称为四大古代文明的另外三个有：一是两河流域的美索不达米亚文明，核心地域在今天的伊拉克，可是今天的伊拉克人基本没有继承那里的古代文明；二是古埃及文明，而今天的埃及人根本不是法老的后代，也不认识金字塔里的圣书体文字；三是古印度文明，而今天的印度人，官方语言都变成了英文，要了解古印度历史还要来中国看唐僧写的《大唐西域记》。只有我们中国人，还在用几千年前的文字，看几千年来的书籍，与祖先共情，接受他们的教诲和智慧，站在先贤的肩上继续前进。开放包容的中国思想文化，有根本，纳活水，挚道维新，本贞叶荣，始终充满着生机与活力。我们为人类的可持续发展准备了一个优秀的文化样本！

这就是我心目中的中国思想文化的流脉及其生命力。最后，请允许我用自己的一首诗结束我的发言：

不忘本来

黄河天上来，

悠悠入我怀。

化作中国龙，

昂首向沧海。

刚柔贵和谐，

风雅颂文采。

礼乐教生民，

陈 鹭　119

命运与共

史记鉴往来。

诗书传古训，

红楼叹兴衰。

上善若水智，

天地立仁爱。

伏羲一画天地开，

从此一去五千载。

大道之行天下公，

一脉江河万古来。

谢谢大家！

第四届"科学　人文　未来"论坛闭幕词

管华诗　（2019年10月19日）

尊敬的王蒙先生，各位嘉宾，老师们、同学们：

一天的时间过得很快，在这一天的时间里，有15位专家围绕"构建人类命运共同体"这一主题带来了见解独到、精彩绝伦的报告，展开了多角度、多层次的讨论。从各位的报告与讨论中，我深切体会到，虽然大家研究领域不同，视角和关注点不同，但大家都有一个共同的情怀，那就是关心人类命运，愿意为人类命运共同体的构建贡献智慧。感谢各位专家的报告！

下面，让我们热烈欢迎王蒙先生做总结发言。

（附后）

非常感谢王蒙先生精彩的总结！讲话过程当中，我们在座的老师、同学都会深深地感受到王先生语重心长的教诲，对我们海大的发展，对我们每个同学、老师的期望讲得更加彻底，对海大的发展，对每个与会的同学，都会有一个深远的鼓励的意义，将成为我们整个发展的重心。

命运与共

王蒙先生是论坛发起者，从第一届开始，他就精心培育着论坛，对每次论坛的主题甚至主题下的细节都提出了许多中肯建议和期许，因此每次论坛都取得了圆满的成功。正因为王蒙先生的影响和魅力，才吸引了这么多专家学者到来，中国海大师生才有这么个机会得以近距离聆听到这么多大家的演讲与讨论，增长见识，开阔视野。这是我们全体师生的幸福。

感谢在座的各位嘉宾！各位的精彩演讲与独到见解都将对在场的中国海大师生产生历久弥新的影响，在大家的心中埋下一粒粒希望的种子，让我们共同期盼新的思想之苗萌芽破土的那一天。

感谢参加会议的各位媒体朋友！正因为有了你们的积极参与和辛勤工作，才使得论坛获得如此广泛的关注，是你们将专家的智慧、中国海大的魅力传播得更远，是你们鼓励着我们把论坛越办越好。

感谢论坛的工作人员！从前期筹备到论坛开展再到后续工作，你们默默付出、精心筹备，你们辛苦了！

感谢在座的师生！感谢你们的耐心倾听和踊跃发言，是你们赋予了论坛无限的生机和活力，你们是我们把论坛继续办下去、把论坛持续办好的强大动力！

按照议程安排，本次论坛的所有议程全部结束！再次感谢与会的各位嘉宾、各位老师、各位同学，谢谢你们！现在我宣布，第四届"科学·人文·未来"论坛闭幕！

谢谢大家！

第四届"科学·人文·未来"论坛闭幕式总结

王 蒙 （2019年10月19日）

各位专家，各位来宾，老师们、同学们：

大家好！因为年纪的原因和身体的原因，没有全部参加，但是我看了上午的文字稿。每个人看法和思路都不一样。

这个论坛是非常有意义的事情，这种论坛我是改革开放之后在外国经历的，我开始的时候，对论坛有点怀疑，来这么多人，又是博士、教授，可是每人就说10分钟、8分钟，在外国甚至还有7分钟的发言。第二点，所有的论坛都无情地摧毁了我的午睡，使我感觉很疲倦，可是我越听觉得越好。这样一个很短的发言，我没有听到比15分钟更长的发言，这样一个发言里，你对某个问题发表你的见解，而且你不是一个太普通的人，你还真是一个教授！他怎么说，怎么思考，怎么立论？后来我越来越觉得，特别是今天听了这些以后，哪个都不是善茬儿，都很有自己的见解。而且还有一个新鲜的地方，我虽然参加了许多各种各样的论坛，哈佛的也参加过，耶鲁的也参加过的，澳大利亚科学院的也参加过，多了，但是这样一个学

命运与共

术性的论坛，还有两三千人在这儿旁听，独一份，我没有参加过第二个，我不知道别的地方有，独一份就是在中国海洋大学有这种盛况。

什么原因？因为它对我们的智慧是一个开启，对我们的头脑是一个推动，正因为我们说实话，互相很难形成一种共鸣和讨论，可是它开拓你的精神空间，推动你的思维。鞭策你的思维，怎么会有这么新鲜的简介？他怎么强调这个角度？他怎么能从这个角度来谈这个问题，怎么能跟讲故事一样，怎么能有这么强大的逻辑呢？尤其作为我们大学，我们主要的目的是育人，有许多的年轻人，当然也有社会上各个方面来的朋友，还有媒体的朋友，听听有这么一部分人，有些是写小说，写报告文学的，做文艺理论研究的，写诗的，有些是科学院的院士，还有各方面的精英人才。他们在人类命运共同体题目下，各自发挥，有多么大的精神空间，有多么强的逻辑思维的能力！怎么样能够有所创新，能够在很短的时间内，说出自己想说的话，而且至少不要说得让大家不爱听，不要说得让你显得太瞎胡混了，这个对我们的思维能力、表达能力、做课题研究的能力、演讲的能力都会有很大的推动。我相信将会在听众尤其是在座青年学生心里留下深刻印象，在我这个85岁老人身上也有很大的推动。我觉得下次要再参加这种论坛的时候，绝不能只满足于致开幕词和闭幕词，一定要显示出我的逻辑思维，跟大家比较比较。

这个论坛的创意实际上来自管华诗，我们的习惯称呼还是管校长、管院士，"科学""人文""未来"，我觉得用这三个词来讨论人类命运共同体是最好不过的，因为科学至少缩小了地球，增加了全球化的可能。中国是我知道的很少数的由党中央、国家明确地表示支持全球化的地方，因为全球化的问题，在学界、在政界当中，在世界各种工会、团体当中，在大学当中，仍然是一个争论不休的问题。原来一开亚洲、太平洋会议，游行的有，示威的有，死人的也有，意大利开会的时候就还有人命案出现。可是中国很明确，中国政府，是站在维护、推动全球化的立场上，这个意义非常重大。但是你要是谈这个问题，目前还带有一种理想的性质，因为建立人类命运共同体，没有那么容易，这是一个理想的口号，这是一个外交的口号，这又是我们人类必须面对的课题，所以我们这个课题，今天如果谈起来，我们不可能从多少个方面来谈，我们可以把它作为一个人类的理想，就跟说世界大同一样来谈，我们可以把它从文化上的相互融合，甚至于是趋同，从这个角度上来谈。我倒希望我们能够从教育的观点来谈，因为我们是大学，我们谈人类命运共同体首先不是为了外交部门出谋划策，也不是为了解决贸易战，更多应从文化上，从人类进步上，从科学发展上，从人文科学的完善甚至于从我们的理想、我们的愿望上来谈。

再有呢，从中国海洋大学的很具体的一些事情上，我们可以从这个角度上更细致、更具体地来思考、来讨论、来继续。当然这种讨论的时间都非常短。它逼着你只能够说一部分你想说的话，还有很多话你来不及说，尤其是来不及把它修饰得更全面。大家都习惯于一种说法，既要这样，又要那样，可是咱们的时间太短，光"既要"，"又要"就说不清了；或者说"又要"了，"既要"又说不出来。正因为如此，使我们的这种形式的论坛能够有一些创造性、启发性，但是也一定要给论坛留下继续发挥、继续研究、往完善方面发展的这种可能。我是第四次参加这个论坛和做一些工作了，我希望我们的论坛能够继续做下去，我希望我们的同学们也能够研究研究这些发言，这几分钟的发言风格不一样，口音不一样，逻辑不一样，但是它们很有趣，对同学们来说是难得的经验。它们会使我们把头脑往更深走，往不同的见解上走。

我虽然越来越高龄，因为我已经是过了85周岁了，已经向着86周岁奋进了，但是呢，各种各样的发言引起了我的兴趣，而且使我避免沉浸在各种潦草的段子手的段子中，我们毕竟是高级的大学。我希望将来在健康允许的情况下，继续参加"科学·人文·未来"论坛。谢谢大家！